中国石油大学（华东）
学术著作出版基金重点资助

油气矿区供应链成本管理研究

赵振智 等著

中国石油大学出版社
CHINA UNIVERSITY OF PETROLEUM PRESS

图书在版编目（CIP）数据

油气矿区供应链成本管理研究／赵振智等著．-- 东
营：中国石油大学出版社，2018.3
　　ISBN 978-7-5636-6003-2

　　Ⅰ．①油…　Ⅱ．①赵…　Ⅲ．①油气田－供应链管理－
成本管理－研究　Ⅳ．①F253.7

中国版本图书馆 CIP 数据核字（2018）第 057723 号

书　　　名：油气矿区供应链成本管理研究
　　　　　　YOUQI KUANGQU GONGYINGLIAN CHENGBEN GUANLI YANJIU
著　　　者：赵振智　等
- -
责任编辑：隋　　芳（电话 0532-86983568）
封面设计：王凌波
- -
出 版 者：中国石油大学出版社
　　　　　　（地址：山东省青岛市黄岛区长江西路 66 号　邮编：266580）
网　　　址：http://www.uppbook.com.cn
电子邮箱：shiyoujiaoyu@126.com
排 版 者：青岛友一广告传媒有限公司
印 刷 者：沂南县汶凤印刷有限公司
发 行 者：中国石油大学出版社（电话　0532-86981531,86983437）
开　　　本：165 mm × 235 mm
印　　　张：9
字　　　数：161 千字
版 印 次：2018 年 3 月第 1 版　2018 年 3 月第 1 次印刷
书　　　号：ISBN 978-7-5636-6003-2
定　　　价：38.00 元

前　言

2017年10月,国家发布《关于积极推进供应链创新与应用的指导意见》,以落实中央新的发展理念,本书的写作和出版顺应了这一新形势。油气矿区作为重要的油气产业基地,在为国家提供油气资源、保障能源安全的同时,也在服务地方和带动区域经济发展过程中发挥着重要作用。本书研究基于国家石油战略和区域经济可持续发展要求,以油气矿区供应链及各成员企业为研究对象,应用比较经济学、区域经济学、管理经济学和供应链管理、战略管理、成本管理等理论,采取资料搜集、现场调研、规范研究和系统分析等方法,研究进一步优化油气矿区供应链和加强矿区供应链成本管理的路径和对策,为各层面经济管理决策提供有效支持。研究成果和主要结论有:

(1)界定了油气矿区供应链及其与区域经济可持续发展的关系。基于区域经济可持续发展的油气矿区供应链包括与油气开采活动相关联的核心供应链、延伸供应链和辅助供应链。加强油气矿区供应链管理可以提升区域内的要素禀赋,有利于区域内的资源节约和环境保护等。

(2)界定了油气矿区供应链成本构成,认为在可持续发展的理念下,油气矿区供应链除了考虑生产成本、物流成本、交易成本外,还包括环境成本、社会责任成本等;分析了油气矿区供应链成本构成变化对区域经济发展的影响,以及油气矿区供应链价值增值的机理。

(3)以成本动因分析为切入点,研究了油气矿区供应链成本控制与价值增值的关联关系,在此基础上构建了通过实现各成员企业成本和供应链总成本的降低来揭示矿区供应链价值增值路径的供应链分析模型。

（4）研究了油气矿区供应链环境成本内部化与区域经济发展的互动关系，认为应将油气矿区环境成本纳入企业经营决策系统，以实现环境成本内部化管理，推动企业环境成本内部化及其投资行为在供应链上的有效持续传导，为实现整个油气矿区供应链的生态化创造条件。

（5）设计了集成化油气矿区供应链成本控制体系，从可持续发展的视角，融合油气矿区供应链生产成本、物流成本、交易成本、环境成本、社会责任成本于一体，构建了成本控制屋系统模型，提出了优化供应链成本控制的措施和建议。

本书在理论应用创新的基础上注重成果的现实指导作用，是油气矿区企业高层管理人员、政府相关人员理解供应链创新与应用的重要参考书，还可以作为相关人员学习与研究供应链成本管理问题的辅助教材。

本书由赵振智、霍江林拟定研究思路和写作提纲并最终定稿，内容由赵振智、霍江林、齐建民、王芳、刘倩共同执笔完成，博士生王颢澎，研究生滕涛、王超、张珊、张涛、黄静、蔡静静、赵晨琳、许方明、辛卓等做了许多文献整理和通稿、校对工作。本书的写作得到了北京交通大学丁慧平教授、中国石化胜利油田分公司解宝贵教授级高级会计师以及中国石油大学（华东）经济管理学院领导和同志们的大力支持，在此，谨向他们表示最诚挚的谢意！

由于水平有限，加之油气矿区供应链成本管理研究具有复杂性，我们的研究以及本书内容难免存在许多不足和错误，敬请有关领导、专家及读者批评指正！

作　者

2018 年 1 月于山东青岛

目　录

第1章 绪 论

1.1 研究的背景、目的与意义

1.1.1 研究的背景:国家石油战略与区域经济发展

石油不仅是当代工业的血液,还是各个国家竞相争夺的重要资源。近些年来,伴随着国内外政治经济状况的改变,全球石油资源的消费和开发展现出一些全新的特点,也对油气矿区区域经济的发展带来了较大影响。

一方面,如图 1.1 所示,受 2008 年世界经济衰退影响,全球能源消费出现了 1982 年以来的首次下滑,国际油价也从 2008 年 7 月 145 美元/桶的高位断崖式下跌,2009 年 2 月触底于 34 美元/桶。从需求端来看,全球的石油消费除了 2008 年的经济危机之外,一直延续着上升的态势,并未出现明显的下滑迹象。从供应端来看,受美国页岩油气技术发展的影响,全球石油供应量正逐年上升。根据美国能源信息管理局资料,2011 年 8 月至 2013 年 12 月间,美国七大页岩油盆地的原油总产量翻番至 400 万桶/天。页岩油这一新兴供应来源的加入使得原油价格在 2014 年暴跌。2016 年美国超越沙特,成为全球最大的液态石油产出国。至 2017 年 12 月,美国页岩油产量进一步增长至 530 万桶/天,占到美国原油产量的 55%。全球范围内,石油进入了一个供大于求的时期,供求失衡是油价下跌的关键因素。截至 2017 年 12 月,油价依然低于 40% 石油生产区域的生产成本。更为重要的是,美国页岩油企业全供应链平均生产成本下降至 65.5 美元/桶(2017 年)。如果市场需求不出现爆发式增长,供应端的美国页岩油供应将是油价调节的主要因素,原油价格的天花板将会以此为基础浮动。生产成本过高的原油生产方将会长期承受巨大压力,企业降低原油生产供应链的整体成本、提升规模效益与培育核心竞争力刻不容缓。

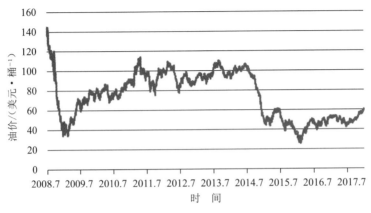

图 1.1 2008—2017 年国际原油价格走势图

另一方面,中石油、中石化和中海油所代表的中国石油石化产业也深受国际油价波动的影响。受 2014 年油价暴跌影响,中石油和中海油的利润均出现大幅下降。中石油 2014 年、2015 年、2016 年的净利润分别为 1 071.7 亿元、335.17 亿元、79 亿元,2016 年净利润相比 2014 年下滑 92.6%;中海油 2014 年的净利润为 602 亿元,2015 年的净利润为 202.5 亿元,2016 年则为 6.37 亿元,净利润三年下滑 595 亿元以上,跌幅超过了 98.9%。与之相对,2016 年中石化净利润为 464 亿元,同比增长 43.8%。三大集团净利润出现差异的主要原因是,中石油和中海油上游业务占比较大,而中石化上游业务占比相对较小。在国际油价下降的背景下,上游业务出现大幅亏损进而拖累整体业绩,因而降低企业上游勘探开采业务成本、优化产业链和供应链是其必然选择。

2016 年 9 月起,中国超过美国,成为世界最大的原油进口国,这表明中国在国际能源格局中的角色发生重大转变。基于国内外行业现状,中国一直主动创建以石油安全为核心的国家石油战略,逐步完善自 2001 年九届全国人大四次会议提出落实的国家石油战略方案,包括资源多元化战略、运输管线化战略、资源储备战略和替代能源战略等。2012 年,国务院《中国的能源政策(2012)》白皮书要求"统筹资源储备和国家储备、商业储备,加强应急保障能力建设,完善原油、成品油、天然气和煤炭储备体系"。2015 年 1 月底,国家发改委发文要求最低商业原油库存制度必须尽快建立,以确保我国的石油市场供给稳定。2016 年,国家能源局公布了《国家石油储备条例(征求意见稿)》,

并向全社会公开征求意见。该征求意见稿规定了石油企业石油储备的义务,且所规定的石油企业没有国企与私企之分,私有石油企业将和国有大型油企一起作为"藏油于民"的主体。2017 年,国家能源局印发《能源发展"十三五"规划》,要求"增强国内油气供给保障能力,推进重点领域石油减量替代,加快发展石油替代产业,加强战略技术储备,构建多元安全保障体系,确保国家能源安全"。

石油资源的开发具备资金密集、技术密集以及人员密集的特征。扎根在油气矿区的石油公司作为国民经济的支柱产业之一,给地区经济发展带来了重大的影响。一方面,油气矿区的建设增加了区域的自然资源,给区域带来了很多的劳动力以及资本,有助于区域经济要素结构的进一步提升,同时油气矿区的建设带动了其他产业,如房地产、服务业的发展,由单一油气开发产业形成了产业聚集,促进了区域经济的快速发展;另一方面,油气矿区供应链的形成提高了企业的核心竞争力,增强了企业的竞争实力,并促使区域内的文化娱乐设施、商业设施、社会服务设施以及地方交通设施得到完善,大大提高了人们的收入水平,为社会的和谐及稳定做出了重要贡献。

作为重要的产业基地,油气矿区不仅为国家提供油气资源、保障国家能源安全,同时在服务地方以及带动区域发展方面也发挥了重要作用。例如,我国东部陆上的主力油田——胜利油田矿区,在与黄河三角洲区域发展的互动过程中,充分发挥了自己的比较优势,帮助区域要素禀赋结构进一步整合以及提升,促进了油气产业的结构升级和产业集群化的发展,有力提高了区域创新的力度。自从 20 世纪 60 年代油气开发介入以后,这一区域的经济水平迅速提高,整体体现出典型的资源型地区的结构特征:一端是拥有相当规模以及现代化水平的石油工业,另一端是以传统农业为主的地方经济。东营市成立之后,黄河三角洲处于大规模的综合开发时期,区域经济的整体实力显著增强,大致形成了由石油和石油化工、盐及盐化工、纺织、造纸、机电、建筑建材、食品加工等构成的产业体系。从多年来的区域经济增长进程来看,东营市正由以石油工业为主的单一产业结构向多元经济共同发展的格局转变。国务院 2009 年批复《黄河三角洲高效生态经济区发展规划》,中国三大三角洲之一的黄河三角洲地区的发展上升为国家战略,成为国家区域协调发展战略的重要组成部分。

油气矿区虽然具有丰富的自然资源、独特的生态系统和产业基础,具有发展高效生态经济的良好条件,但是其建设也会给区域的可持续发展带来一些问题,如资源枯竭、环境污染和生态破坏等。究竟如何实现资源利用、使产业发展与环境保护良性互动,是一个影响深远的重大理论课题。为此,本书以区域经济可持续发展为研究视角,专门针对油气矿区供应链成本管理开展有关研究。

1.1.2　研究的目的

本书将以油气矿区区域经济的可持续发展为基本导向,追溯油气矿区供应链的价值增值过程,关注矿区供应链企业的生产经营管理,谋求供应链成本管理与油气矿区区域经济发展的良性互动。研究中还尝试运用跨组织协同、战略成本管理、质量成本管理等理论,分析供应链成本管理及价值增值对建立生态高效经济区的影响,设计供应链价值增值路径和方法,开展有关油气矿区供应链环境成本内部化的研究。整个研究着重从中观和微观两个层面,对油气矿区供应链各节点成本进行优化,以促进油气矿区供应链整体成本的降低、规模效益的提升与核心竞争力的培育。

1.1.3　研究的意义

本书在对供应链管理理论全面分析的基础上,引入管理经济学、比较经济学等相关理论思想,对基于可持续发展的油气矿区供应链成本管理问题进行深入剖析,构建相关的理论模型,采集相关数据,做实证分析,以期为实现区域经济的可持续发展提供支持和借鉴,因此本书研究具有重要的理论价值和现实指导意义。

1.1.3.1　研究的理论意义

国内学者对供应链成本管理的研究大多停留在定性分析层面,定量研究还不多见,同时成本构成分析比较片面,只考虑了生产成本、物流成本、交易成本等供应链节点企业发生的显性成本,忽略了环境成本等重要的成本要素,不符合当前可持续发展的经济发展要求。

本书针对我国石油行业的现状,结合油气矿区区域经济发展战略,在分析油气矿区供应链成本构成的基础上,运用规划模型对油气矿区供应链成本管理问题进行定量研究,将环境成本纳入供应链管理体系中,进一步探索环境成本内部化与区域经济发展的互动关系。通过构建基于区域经济可持续发展的矿区供应链成本动因分析模型,揭示了影响油气矿区供应链成本的驱动因素,对提高我国石油资源利用率、降低矿区供应链运营成本、提升企业竞争力具有重要参考价值。同时,设计了集成化油气矿区供应链成本控制体系并提出了相应的保障措施和建议。以上研究将区域经济发展理论、供应链成本管理理论和石油行业发展相结合,形成了具有理论应用创新价值的研究成果。

1.1.3.2　研究的现实意义

本书在对油气矿区供应链和成本构成分析的基础上,以成本动因分析为依据,构建了油气矿区供应链成本动因分析模型,结合东部某油田实地调研资料,进行模型求解、结果分析,并提出相应的成本控制保障措施,对于指导油气矿区企业完善供应链成本管理、实现区域经济发展具有深刻的现实意义。

一是构建了基于区域经济可持续发展的油气矿区供应链成本管理新模式,适应了油气矿区降低企业成本、提高石油企业竞争力、促进油气矿区区域经济可持续发展的要求,为矿区供应链成本降低、价值创造、流程优化和效率提升提供了关键途径。

二是实现环境成本内部化,为油气矿区供应链成本管理提供了新理念,有利于提高资源的利用效率,减少区域资源消耗和浪费,减少废气、废物、废水的排放。

三是在分析矿区供应链及其成本构成对区域经济发展影响的基础上,明确了油气矿区发展定位,有利于推动区域社会进步。基于区域经济可持续发展的油气矿区供应链能够反映社会各个层面的进步,比如住房、教育、医疗等,这一新型供应链管理模式的引入必将同步推动油气矿区区域经济的健康发展。

1.2　供应链成本管理国内外研究现状

1.2.1　供应链创新与供应链增值

1.2.1.1　供应链与供应链成本管理

20 世纪 80 年代,基于价值链的理论基础,供应链的概念由此建立。在企业不同的发展阶段,由于人们的认识不同,供应链的概念也不完全一致。供应链早期被认为是制造企业的内部过程之一,主要包括以下环节:采购原料和零部件,生产与销售,将产品转向零售商及用户。随着供应链理论在企业中的不断推广与发展,美国学者伊文斯(Evens)提出,供应链通过前馈的信息流、反馈的物流和信息流,将零售商与用户、分销商、供应商、制造商连接到一起。我国学者对供应链中核心企业作用的研究比较多,一般来说,认为供应链是一个整体的功能网链模式,以核心企业为中心,进一步控制信息流、资金流与物流。因此,我们得出供应链的定义为:供应链是以核心企业为中心,以用户需求为目标和导向,将供应商、制造商、分销商、零售商和用户连接起来,加强对物流、信息流和资金流的控制。

现有研究在供应链和供应链成本管理方面比较广泛。Vidal 和 Goetschalckx(1997)、Beamon(1998)较为仔细地总结并归纳了供应链的相关问题,对基于战略生产-分销视角下的供应链问题进行了重点的描述,该问题自 20 世纪 90 年代起一直是研究的热点。供应链在各个领域得到了广泛的应用,如精炼厂运作、造纸行业、制药行业、食品行业、石化行业和天然气销售等领域。

在供应链研究的基础上,供应链成本管理理论逐渐发展起来,研究的学者也不断增加。Ellram 等(2004)认为,供应链中的成本是最重要的,为了满足消费者的需要,要对其进行深入的分析并不断加以改进。Seuring(2001)最先提出供应链成本管理(SCCM)的概念,认为供应链成本管理是用于分析、控制供应链成本的方式与手段,在传统区分直接成本和间接成本以及作业成本法的基础上,将供应链成本分为直接成本、交易成本与作业成本。罗文兵和邓明君(2005)在其基础上,增加了社会成本的内容及分析。黄河等(2015)对基于供应风险和生产成本不确定性的供应链动态决策展开了研究。胡勇军(2015)对如何开展信息共享视角下供应链交易成本管理进行了探究。当前,供应链涉及的内容越来越多,范围越来越广,从可持续发展的视角来看,广义的供应链成本的概念应该将环境成本和社会成本纳入考虑的范畴。

目前,各学派的学者从不同的角度出发,主要以作业成本法、目标成本法和成本控制工程等方法为主,对供应链成本控制方法进行了探讨。其中,经济学派利用经济学的理论,对供应链的改善和一体化问题进行探讨;会计学派利用成本会计理论,对供应链成本的计量方法与控制问题进行探讨;工程管理学派利用系统工程理论,在运输、存货和配送等环节参考价值工程方法设计模型并进行了探讨。

1.2.1.2 供应链创新

在全球经济一体化和科学技术迅猛发展的趋势下,企业竞争的范围从本土扩展到全球,伴随着世界各国企业结构、产业结构的改革,供应链间的竞争相较于企业间的竞争变得更为重要。技术经济发展的极大压力造成企业外部环境极其复杂多变,迫使企业不仅要不断加强供应链网络间的竞争合作,同时要加快供应链模式的创新和转型。但是,单个组织已经不再能够独立完成创新、促进经济的发展,必须与创新活动的参与者进行合作,建立创新网络。因此只有增强各供应链节点企业之间以及供应链链条之间的创新力度,企业才能在竞争中立足。在此背景下,供应链网络和创新网络的交汇不仅拓宽了供应链领域的范围,加强了与其他领域及技术的相互联结,而且使研究内容得到纵向深化。因此,供应链与创新的深度融合成为企业界、学术界关注的焦点。

国外的专家学者们分别从不同的角度对供应链管理及创新管理进行研究,发表了大量的论文。以密歇根州立大学、亚利桑那州立大学、奥本大学、斯坦福大学、伊拉斯谟大学和诺丁汉大学等为代表的科研机构形成了境外供应链创新领域的主要研究阵地。研究者们对供应链创新的 15 个主要研究热点进行了大量研究,这些热点主题包括 green supply chain management（绿色供应链管理）, vertical competition（垂直竞争）, cost（成本）, measuring（测量）, supply chain coordination（供应链协调）, evolution（演化）, British outdoor trade（英国户外贸易）, principle（原理）, renegotiation（重新谈判）, extra-local space（额外本地空间）, environment regulation（环境调控）等。在同一研究主题中,研究问题之间存在着密切联系;在不同研究主题中,学者们的研究问题有着明显的差异。

国内的研究中,王冰和张子刚(2003)提出,稳定供应链的必要条件之一是帕累托原则,设计了供应链企业间关于创新活动的合作模型,从帕累托原则的角度,对供应链企业间合作创新的前提条件进行分析,得到合作区间。实践中,企业在进行技术创新时,与供应商的合作已广泛应用于通信、生物和机电制造等领域,并形成了常见的合作模式,对企业的意义重大。唐文献等(2005)从支持产品协同创新开发角度构建了决策模型,并对决策过程进行分析,建立了基于产品方法分析评价指标体系角度与灰关联分析的评价模型,对产品协同创新开发方案的分析和优选提供决策支持。幸理(2006)从合作创新的角度提出供应链企业的价值网理论,同时总结供应链企业通过合作创新可以实现价值增值的不同原因,并以此为理论,对已上市供应链企业通过实证的方法进行研究分析,证实供应链企业通过合作创新可以实现价值增值。宋华(2015)提出在“互联网＋”下的智慧供应链创新可以从供应链管理核心三要素中体现:要素上形成六大能力体系,结构上建构信息治理,流程上实现决策智能化、运营可视化、组织生态化以及要素集成化。国务院 2017 年印发的《关于积极推进供应链创新与应用的指导意见》在总体指导思想中指出,“以供应链与互联网、物联网深度融合为路径,以信息化、标准化、信用体系建设和人才培养为支撑,创新发展供应链新理念、新技术、新模式,高效整合各类资源和要素,提升产业集成和协同水平,打造大数据支撑、网络化共享、智能化协作的智慧供应链体系",表明我国未来供应链创新的核心要素在于感知化、互联化以及服务化。

1.2.1.3 供应链价值创造

价值链和价值创造的概念是由波特(Michael Porter)在 1985 年首先提出的,与之相关的一系列问题也一并得以探究。基于波特的价值创造理论,大量中外学者从不同方面限定了供应链价值创造的概念。McGuffog(1999)提出消费者的需求推动和维持着供应链的价值创造活动,凭借主观推测来确定消费者需求的方法应该被淘汰,企业应结合客观情况以精确地掌握消费者的需求,并且供应链的价值创造过程贯穿于产品和服务的始终,它应包括所有企业的任何活动。Baldwin 和 Clark(2000)认为在新的竞争环境下,企业仅埋头于依靠自身的力量为消费者提供价值这一传统的理念和发展方向应当被转变,企业还应重视消费者的力量,通过多种方式支持消费者为其自身创造价值;供应链价值创造的主体其实十分广泛,不仅仅包括供应商,还包括制造商、分销商、消费者等多种经济角色。张耀中(2010)从两个方面概括了供应链价值创造的具体内容:第一个方面是供应链特有的整体价值创造;第二个方面是组成供应链的各参与者自身的价值创造,这些参与者包括供应商、制造商、分销商、零售商以及客户。孟庆春等(2012)设立了"新产消合一"的概念,该概念可以从两个方面进行理解:一是从更全面的视角出发,既考虑企业联盟又考虑消费者的价值创造作用,分析产品和服务的设计、制造、销售等全过程,从而更加完整地探究供应链的价值创造过程;二是强调生产和消费是相互推动的,共同创造价值强调在日渐紧张的市场竞争环境下消费者价值对供应链价值的重要作用。Kim 等(2013)提出供应链价值创造务必重视消费者的利益,给消费者带来更多的价值。张正和孟庆春(2017)通过分析发现,在综合考虑技术创新和网络效应的影响作用时,无论是制造商还是供应商都可通过技术创新来提升供应链价值,在两者都进行创新时所创造的供应链价值最高;同时,网络效应对供应链价值创造具有影响作用,供应链价值会随着网络效应强度的提升而增加。戴建平和骆温平(2017)构建了基于流程协同的供应链多边合作模型,揭示了在互补性资源与能力的驱动下,物流企业与供应链成员如何通过信息共享实现流程协同,最终实现多边合作方式下彭罗斯租金的获取。

从现有的相关文献里能够发现,众多学者都认为在紧张的竞争中提高供应链价值创造能力的需求已十分迫切。

1.2.2　石油行业的供应链成本管理

石油行业较为特殊,通用的供应链研究方法虽具有广泛的适用性和抽象性,却不能涵盖石油行业供应链的特点。第一个将供应链管理思想引入其中的是 Sear(1993),继而丰富了石油供应链的研究成果。Escudero 等(1999)针对油气的生产供应和分销,构建模型以解决价格、成本的不确定性问题,提出了借助于线性模型来处理石油公司的采购、运输、仓储和配送等问题。Neiro和 Pinto(2004)论述了石油供应链模型的一般框架,分别是处理单元模型、管道模型和油罐模型三个基本模型。Al-Othman 等(2006)将不确定性理念引入到石油产业的市场需求中,建立了一个由采油、精炼、石化和下游化工组成的四个部门的供应链网络,进一步深化了上述模型。Laftah 等(2007)结合马来西亚石油公司的生产实践将石油供应链分成三部分,用系统工程的方法对石油供应链的增值节点进行分析,来确定供应链的增值环节和达到目标效应的措施。van Dam 等(2008)比较了等式模型和委托代理模型的使用条件和各自的结论,指出了委托代理模型可以用来解释石油炼化供应链合作中各主体谈判和决策的理性反应。

国内对于油气矿区供应链研究的文献中,初期多是对现状的分析和政策的研究,随着研究的进一步深入,理论体系逐渐完善。刘晓等(2003)研究了石油供应链中原油的采购方法,建立了多目标采购优化数学模型,并利用层次分析法与多目标规划相结合的方法对模型进行了求解,得出了原油采购方案。李成标等(2004)提出将石油勘探生产作为石油供应链核心。丁涛(2005)提出了石油供应链优化建议和供应链存在的问题和特点。邱丛颖等(2007)建立了一个有关成品油供应链优化的模型,模型以总成本最小为目标函数,通过一个简单的成品油供应链实例对模型进行求解,并得出了最优解。王华等(2010)针对石油行业供应链一体化进行了研究,提出运用布局优化、流程优化、管理优化的方法,运用集成化、模型化、可视化的技术手段设计出石油行业供应链一体化优化方案,从而建立了上中下游一体化的优化模型,实现了各项业务的精细化与全面化管理。崔树杰等(2010)从石油开采企业和勘探企业的关系入手,采用斯坦伯格博弈模型对两者的成本分担问题进行了研究,认为石油开采企业对勘探企业投入的资助比例取决于两者的边际利润,石油开采企业利用资源优势处理与勘探企业的成本分担问题并使自己获得最多的收益。赵振智等(2014)以油气矿区为例展开智慧供应链成本控制屋多级规划顶层设计研究。张鹏飞等(2016)对石化上下游企业间物流集成供应链优化进行了研究,建立了统一的石油企业联合生产计划优化模型。邱莹莹等(2016)通过对在独立决策下基础油供应链生产、分销系统的分析,构建了基础油供应链生产－分销集成计划模型,对石油供应链网络效率进行了优化研究,以实现整体供应链总成本和总反应时间最小。

上述研究拓展了石油供应链成本控制的研究领域,将单一企业成本控制推进到多个企业组成的供应链成本控制系统,使成本控制演变为成本工程,将传统的定性研究拓展到数量描述与论证阶段,这对本书的撰写具有重要的启发意义。但从总体来看,截至目前国内外研究中还没有专门针对油气矿区进行供应链的构建和思考,多是集中在供应链某个环节上进行研究,缺乏整体性的表达;而在供应链成本管理方面,定性研究的多,定量研究的少,并且对供应链成本的描述不够全面。同时,上述文献主要围绕供应链的物流成本、交易成本、生产成本展开,不涉及环境成本、社会责任成本等内容,而本书则综合考虑供应链成本构成,将环境成本和社会责任成本纳入矿区供应链成本核算范畴,突出环境成本内部化的重要作用,实现矿区供应链的生态化。

1.3　理论依据与方法路线

本书综合了供应链管理理论、战略管理理论、成本管理理论和区域经济学、管理经济学、比较经济学等理论,以供应链管理和区域经济发展的交叉点为切入点,通过规范研究、系统分析以及现场调研等方法,对优化油气矿区的供应链,强化矿区供应链成本管理的路径与方法进行了探讨,有利于支持各个层级的管理与决策。

1.3.1　相关理论基础

1.3.1.1　管理经济学

管理经济学是应用经济学的一个重要分支,结合了微观经济学和相关管理实践,是将理论应用到实践中的一项管理活动,是服务于企业管理者的一门重要学科。

管理经济学以需求理论、成本理论、生产理论和市场理论等为支撑,通过边际分析法、数学模型分析法和均衡分析法等工具分析定价和市场选择等问题,为企业的经营决策提供一套系统完善的分析方法。

1.3.1.2　能源经济学

能源经济学主要分析与能源相关的经济问题,研究能源资源的配置及其对经济活动的影响,为能源政策的制定提供相关的理论基础和分析工具。

能源经济学主要包括能源与经济增长和社会发展的关系、能源资源的配置、能源与环境污染、节能与循环经济等内容。能源发展战略对能源经济学人才和理论指导的需求显著增加,使得研究能源经济学十分重要且紧迫。

1.3.1.3　区域经济学

区域经济学结合经济地理学和经济学相关理论,研究不同区域的发展规律、区域发展规划等问题,寻找促进区域经济发展的方法和提升区域经济效益的途径,为政府相关政策的制定提供理论指导。

(1)区位选择理论。根据不同区域的区位要素、经济活动特征采取不同的方法(如投入产出法、问卷调查法、劳动生产率差异法等)对区位优劣进行评价,为生产力选择最优区位进行布局。

(2)产业集聚理论。产业集聚源于区域要素报酬差异产生的要素流动而形成的聚集力和分散力,产业集聚将分散的厂商聚集,有利于提高专业化、产生规模效应、提高区域竞争力,同时推动产业结构的演进,促进技术创新,完善基础设施。

1.3.1.4　比较经济学

比较经济学的发展源于运用比较分析的方法研究经济问题。一方面对经济制度、经济政策、经济结构、经济增长等进行比较分析;另一方面分析不同社会制度下的国家经济理论,有力地支撑了国家经济体制改革、经济结构调整和经济政策的制定。

1.3.1.5　发展经济学

发展经济学主要在"二战"之后兴起,适应了时代的发展,致力于研究如何实现贫穷及不发达国家的工业化,实现富裕。研究内容主要包括经济增长模型、城乡二元经济结构、人口增长和人力资本、贫困与饥荒问题、经济不平等问题。

(1)资本积累理论。资本积累是推动经济增长速度加快的主要方法之一。资本积累理论假设生产系数固定,将资本因素作为经济增长的约束性条件,投资的规模决定了经济增长率的大小,一个地区要发展当地经济,需要资本的不断流入和积累。基于此理论,形成了多马模型和哈德罗模型。

(2)工业化理论。有学者认为工业化在经济发展中发挥了重要的作用,只有实现发展中国家的工业化,才能使其脱离贫困,促进国家经济的发展。发展中国家在国际贸易中主要处于外围,工业化程度高的发达国家处于中心,发展中国家要削弱发达国家对各国经济的控制力,必须改变以初级产业的生产为中心的经济结构,推动工业化进程。

(3)经济增长和经济发展理论。经济增长是一种途径和手段,是为了实现经济发展,但不等同于经济发展。片面地追求经济增长速度反而会阻碍经济的可持续发展,因此在推动经济增长的同时,要全面协调收入分配公平、经济稳定、就业充分、教育发展、环保等方面的工作。

1.3.2　拟采取的研究方法

1.3.2.1　规范研究方法

本书在研究油气矿区供应链成本管理系统优化与控制的运行机制时,在现有理论及概念的基础上进行逻辑推理,使用规范研究方法分析相关内容,构建相关理论模型。

1.3.2.2　实地研究方法

本书对东部的某油气矿区进行实地调研,统计并归纳相关的财务资料,对油气矿区供应链成本的驱动因素进行考量,探讨环境成本内部化运行的内在机理,设计了油气矿区供应链数学分析模型和环境成本与区域经济发展关系模型,将油气开采企业作为个案原型研究的对象进行实证研究。

1.3.2.3　系统分析方法

供应链成本问题涉及管理学、经济学、工学和理学等多学科领域,必须从系统的角度围绕研究主题所涉及的相关因素进行分析和总体布局。本书始终贯彻系统分析的思路,将系统科学的思想融入研究全过程。

除上述方法外,在研究中还辅之以数理模型、比较分析、经济计量分析等相关统计方法,并注意借鉴经济学、管理学、行为科学、价值工程等学科领域的有关研究方法,以提高分析过程和结论的解析度与说服力。

1.3.3　技术路线

研究的技术路线如图 1.2 所示。

1.4　研究思路和内容框架

本书站在区域经济可持续发展的角度,首次对油气矿区供应链及其成本构成进行了界定,按照油气产品生产销售主线,以油气开采企业为供应链核心

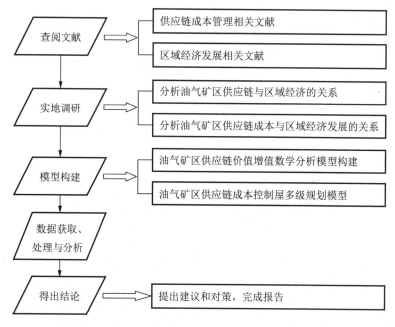

图 1.2　技术路线

企业,物资供应、井下、施工等企业为矿区协同服务,非核心业务外包给工程技术服务公司完成。同时,将油气矿区供应链成本界定为生产成本、物流成本、交易成本、环境成本和社会责任成本。矿区在油气勘探、开发、炼化和运输过程中容易对区域生态环境造成破坏,进而对区域经济产生负面影响,传统的供应链成本管理忽视了将环境成本纳入企业经营决策机制,环境成本和投资行为无法在供应链上有效传导和运行,不利于实现矿区供应链的生态化。本书将环境成本纳入矿区供应链成本核算范畴,有利于促进区域经济生态高效可持续发展,同时也有利于规范矿区成员企业投资行为,提高技术水平,淘汰落后产能和加强资源配置,带动区域社会进步,实现能源、环境和社会的和谐统一。

　　基于选择的油气矿区供应链成本界定,本书形成如图 1.3 所示研究思路。研究工作分六部分展开,也形成了本书的六章内容。

　　第 1 章,绪论,主要阐述了本书的背景、目的与意义,研究的技术路线及主要内容。

　　第 2 章,界定油气矿区供应链并分析其与区域经济的关系。对油气矿区本身供应链的范围进行界定是项目研究的基础。油气矿区的供应链不是孤立存在的,而是处于一个整体或系统中。项目本身将油气开采企业界定为核心

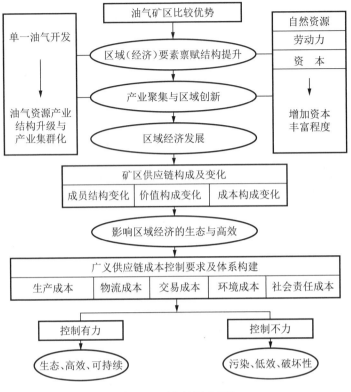

图 1.3 研究的思路框架

企业,同时围绕物资供应商、工程技术服务公司(地质、勘探、钻井等)和炼化企业、集输销售企业等上下游企业展开系统的成本管理研究,为区域经济发展提供支撑。本部分对油田矿区生产经营特点进行说明,同时研究油气矿区供应链管理系统与区域经济之间的关系,即油气矿区供应链管理对区域经济发展所产生的综合影响。

第 3 章,分析油气矿区供应链成本构成变化对区域经济发展的影响。首先对油气矿区供应链成本进行范围界定(广义上),认为油气矿区广义供应链成本包括生产成本、物流成本、交易成本、环境成本、社会责任成本,研究供应链上这些成本的发生会对油气矿区实现区域经济可持续发展产生哪些影响。然后分析油气矿区供应链价值增值的表现形式,并揭示矿区供应链成本管理与区域经济可持续发展之间的关系。

第 4 章,研究油气矿区供应链环境成本内部化与区域经济发展的互动关系。作为特色和重点,本章研究将油气矿区环境成本纳入企业经营决策系统,以实现环境成本内部化管理。环境成本内部化会引起投入企业的环境资本构成的重大变化,同时,环境资本构成的变化又会对企业内部决策产生重要影响。环境成本内部化与环境资本存在互动关系,环境资本对区域经济发展也会产生深刻影响。研究环境资本构成,并基于对内部化实现过程机理的分析探析内部化对环境资本的影响,明晰环境资本的影响要素,同时寻求合理的方式来衡量环境资本成本,将环境影响因素纳入企业生产经营决策机制,以此来考量环境成本内部化实施的效果,分析环境成本内部化对区域经济发展的影响,推动企业内部化及其投资行为在供应链上的有效持续传导,进而探析提升企业环境成本内部化实施的路径和相关对策建议。本章在环境成本内部化与区域经济发展关系研究的基础上,建立相关互动关系模型。

第 5 章,设计油气矿区供应链成本动因分析方法与模型。在以上关系分析的基础上,本章对影响油气矿区供应链成本的驱动因素从战略、战术两个层面展开分析。油气矿区供应链成本动因可以从四个方面展开,主要包括结构性成本动因(包括规模、产能、投资、技术条件等)、执行性成本动因(包括设备利用率、供应链效率、人员素质和主动性等)以及资源与作业成本动因(包括各企业资源配置与业务量水平等),分析各成本动因对生态经济可持续发展的影响,研究油气矿区供应链价值增值的路径和方法,并根据供应链价值增值环节的关联关系建立油气矿区供应链分析模型。

第 6 章,提出保障油气矿区经济可持续发展、控制供应链成本的对策及建议。本章将物流成本(包括直接成本和作业成本)、交易成本、环境成本、质量成本、社会责任成本作为油气矿区供应链成本体系进行综合控制分析研究,以达到通过供应链成本控制实现油气矿区供应链可持续发展的区域经济社会目标。

第2章 油气矿区供应链与区域经济可持续发展

2.1 区域经济可持续发展的特征与油气矿区供应链界定

2.1.1 区域经济可持续发展的意义和特征

2.1.1.1 可持续发展的内涵

可持续发展思想产生于 20 世纪六七十年代。自蕾切尔·卡逊（Rachel Carson）1962 年出版《寂静的春天》后，人类开始关注环境问题。1972 年 6 月 5 日联合国举行的人类环境研讨会上第一次讨论可持续发展，而得到广泛认可的可持续发展概念是在 1987 年的研究报告《我们共同的未来》中定义的：既能满足当代人的需要，又不对后代人满足其需要的能力构成危害的发展。

这个定义中包含了两个重要的概念：需要和限制。"需要"的满足，最重要的是满足贫困人口的基本生活需求，而"限制"则是指要限制对现在生态环境和未来环境造成危害的行为，但是此限制并不是绝对的。此定义表达了可持续发展理念的思想实质，从而得到国际上的普遍接受和认可。到目前为止，可持续发展的概念仍在世界范围内被讨论和研究，其完整的理论体系也在逐步形成。西方社会关于可持续发展的最具代表性的概念大体如下：

（1）可持续发展的自然属性定义。实现可持续发展必须实现资源节约和环境保护。关于可持续发展的概念，Forman（1990）给出的定义为：为了保持生态系统的完整性和实现人类的美好愿望，去探求最佳的生态系统来支撑人类的生存环境，实现可持续发展。国际生态学联合会（INTECOL）和国际生物科学联合会（IUBS）在 1991 年也给出了关于可持续发展的定义，其在深化可持续发展自然属性的基础上认为可持续发展就是"保持和加强环境系统的生存和更新能力",使经济发展和人类的其他活动不超过生态环境的再生能力。同年,世界自然保护联盟(IUCN)认为,可持续发展必须"改进人类的生活质量,但不能超过支持发展的生态系统的负荷能力"。Goodland 等(1994)则认为可持续发展是指"不超过环境承载能力的发展"。

(2)可持续发展的经济属性定义。Barbier(1991)的观点是,可持续发展必须是在保护自然资源和保证其为人类提供服务质量的基础上,使经济发展的净效益达到最大化的发展。而英国经济学家皮尔斯(D. Pearce)从代际公平的角度认为可持续发展必须保证当代人的福利增加,且也要保证不会减少后代人福利的发展。同时也有学者认为,当前资源的利用和经济的发展不会减少未来的经济效益,这就是可持续发展。这些可持续发展的概念都一致认可可持续发展的核心为经济发展,经济发展并不是以牺牲资源与环境为代价而是在节约自然资源、保证环境质量和保护生态环境的基础上实现的经济发展。

(3)可持续发展的社会属性定义。从社会发展的角度看,可持续发展是指在不超出环境承载力的基础上提高人类的生活品质,从而保持人类的生产、生活方式和自然生态环境之间的平衡,达到保护生物多样性、维持地球生命力的目标。此角度的可持续发展最根本的出发点和落脚点就是人类社会的发展。这是世界自然保护联盟、联合国环境规划署(UNEP)和世界野生生物基金会(WWF)给出的关于可持续发展的概念。在此基础上,它们还提出了实现可持续发展的建议、措施,如 130 个行动方案。

(4)可持续发展的科技属性定义。科技进步是经济社会发展的动力,对可持续发展的实施起着非常重要的作用,如果没有科学技术作支撑,人类的可持续发展就难以实现。从科技角度出发,Speth(1989)拓展了可持续发展的概念,认为可持续发展应采用更加清洁、更加高效的科学技术或是能实现零排放、密闭式的工艺,从而减少能源、自然资源的消耗。另外,还有学者认为要建立一种技术系统,它所排放的废料、污染物极少,并且对环境的危害性弱。从科技角度来看,污染并不是不可避免的,随着科学技术的进步,污染会逐渐减少,直到消失。因此,这方面的学者坚持主张技术合作,缩小发达国家和发展中国家之间的技术差距,促进世界科学技术水平的整体上升。

我国有很多的学者投身于可持续发展的研究中,从不同的角度对可持续发展给出了不同的理解,其观点如下:

(1)可持续发展的系统论。人类发展中交织了很多的系统,从系统的角度来看,可持续发展涉及资源、环境、经济、社会四大系统并且还要促进这些系统的共同发展,而非一个系统的独立发展。冯玉广等(1997)把人口也纳入了系统之中,四系统论转变为五系统论(人口、经济、社会、资源、环境五个子系统),可持续发展就是五大系统组成的巨型复合系统的持续发展。范冬萍等(1997)提出了经济 - 社会 - 自然复合生态系统的理论。

(2)从人类的生活品质和环境的承载力这一角度定义可持续发展。著名学者王慧炯等(1999)认为可持续发展涵盖了经济持续发展、社会持续发展和生态系统持续发展,这三方面的持续发展并不是相互独立的,而是相互包容、相辅相成的。如果只追求经济增长而忽视其他两方面最终必然导致经济的崩溃,而孤立地追求生态持续也不能实现生态的可持续发展。此理论的核心思想为经济的持续发展是条件,生态的持续发展是基础,而社会的持续发展是最终的目标,比系统论更深入地分析了各个系统在可持续发展中的地位。该理论和系统论是相辅相成的,并不是相互独立的。

(3)从资源分配的角度来定义可持续发展。可持续发展既要实现资源在代内不同国家、地区的公平分配,同时也要实现代际的公平分配。张坤民等(2007)的观点是,可持续发展应该把发展与环境两者综合起来作为一个有机的整体进行资源配置。刘东辉(2013)认为,可持续发展的根本问题是资源分配。

可持续发展由"可持续性"和"发展"两个概念组成。"可持续性"是指不超过自然资源的再生速度和环境的承载能力,并且能满足后代人发展的需要。"发展"一方面是指人类社会财富的增长,另一方面是指一个国家或区域内部经济和社会制度的前进过程,以追求社会全面进步为目标。

"可持续性"和"发展"两个概念并不是相互排斥的,而是相辅相成的。其中,发展是前提,是基础,是核心;可持续性是关键。没有发展,就没有必要讨论可持续性,发展是第一要务;没有可持续性,发展也不会持久,可持续的发展才是真正的发展。

综上所述,可持续发展是以保护自然资源环境为基础,以鼓励经济发展为条件,以改善和提高人类的生活质量为目标的发展理论,也是一项经济和社会发展的长期战略。

2.1.1.2 区域经济的影响

区域经济是以区域为空间载体而形成的经济体系。区域经济的含义有广义的,也有狭义的。

广义的区域经济表示国家内某一地域的经济活动即地区经济,也可以在国际经济研究中视作一国经济,甚至是多国组成的经济共同体或经济圈。狭义的区域经济表示国内大小不等的地区经济即地域经济。综上可知,区域经济是一个国家经济的空间系统,是经济区域内部社会经济活动和社会经济关系或联系的总和。

(1)区域经济发展的一般规律和影响因素。

区域经济发展是指在一定的时空范围内所进行的一系列经济活动。区域经济的发展是一个进化过程,是一个长期的、渐变的动态变化过程。国内外学者对区域经济的发展规律进行了大量的研究。美国区域经济学家胡佛(E. M. Hoover)和费希尔(J. Fisher)认为任何区域经济增长都存在着"标准阶段次序",经历大体相同的五个阶段:自给自足阶段、乡村工业崛起阶段、农业生产结构转换阶段、工业化阶段、服务业输出阶段。美国经济史学家罗斯托(Rostow)试图从成长的一系列阶段中概括出"现代经济的历史范畴",认为一个完整的现代经济演化系列可以分为六阶段:传统社会阶段、为起飞创造前提的阶段、起飞阶段、向成熟推进阶段、高消费阶段和追求生活质量阶段。我国学者认为区域经济发展会经历四个阶段(图 2.1),如下所示:

第一阶段是待开发阶段。在此阶段,区域经济一般都遵循自给自足型的传统发展模式,经济活动的次数少、规模小且其相应的产业一般是农业,表现为种植业、畜牧业、林业和渔业等,还有一些相应的轻工业、餐饮业和资源开采业。此阶段区域整体发展速度慢。

第二阶段是成长阶段。这一阶段内区域经济开始快速发展,其发展可能是由外部因素推动的,或是由国家投入推动的,也可能是自身积累而形成的,还有可能是边际贸易启动的,但都伴随着大量的机械设备、厂房的投入和资金、劳动力、技术等生产要素的流入,从而伴随着大工业的发展。在这一阶段,大规模的工业化和城市化进程加快,经济发展速度很快。

第三阶段是成熟阶段。在此阶段,区域内主导产业已经形成,并且开始稳步发展。区域内要素报酬率的增长速度也开始稳定,区域经济开始缓慢增长。这一阶段经济的发展主要依赖于资本经济的发展和科学技术的不断进步。工业化达到较高水平,第二产业较发达,基础设施齐备,交通运输与信息通信网络基本形成,生产部门齐全,协作配套条件优越,区内资金积累能力强,而且人口素质高。三大产业结构开始调整,第三产业的比例会逐渐增加,从而使得产业结构开始朝合理化、高级化的方向发展。

第四阶段是衰退阶段。任何事物都会经历此阶段。在此阶段,工业化所依赖的比较优势开始丧失,要素报酬率下降,要素开始大量流出此区域,经济发展速度下降。根据形成的原因,衰退大体上可以分为四种类型:区位性衰退、资源性衰退、结构性衰退和消聚性衰退。此阶段要想重新振兴区域经济,就必须培育区域内新的经济增长点或主导产业。

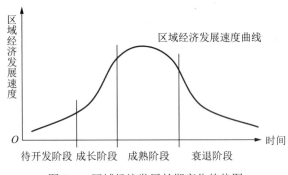

图 2.1　区域经济发展长期变化趋势图

从产业结构变化的角度来看,区域经济发展一般遵循先以第一产业农业为主、再以第二产业工业为主、后以第三产业为主的发展规律。从主要生产要素变化的角度来说,区域经济都是沿着"资源经济—劳动经济—资本经济—知识经济"的变化规律发展的。

在区域经济的发展过程中,不同发展阶段的影响因素是不同的,并且在同一阶段各影响因素的作用力度也是不同的。影响区域经济发展的主要因素如下:

第一是自然因素。自然因素包括一个区域的地理位置、人口情况、风俗习惯、自然气候、资源状况等方面的因素。地理位置主要影响区域内外交通运输的发展、知识技术的传播等,人口数量及构成会影响一个区域内劳动力的数量,资源状况更是一个区域经济发展的重要基础。区域经济发展的初期一般都依赖于区域内资源的开发。

第二是资本积累。资本是一个区域实现工业化、推动经济快速增长的主要手段,资本积累才能带动区域内大量机器设备、厂房、基础设施的发展。

第三是人力资源。人力资源是指存在于人体之中的具有经济价值的知识、技能和体力等质量素质之和。人力资源的核心是人口质量。人力资源对于经济增长的作用尤为明显,拥有现代科学技术和文化素质的高质量劳动力会加快推动产业结构的演变,科学技术的进步、创新网络的形成、管理水平的提高都依赖于人力资源状况。

第四是科学技术。科学技术是区域经济发展的永恒动力。科学技术是第一生产力,没有先进的科学技术作为区域发展的支撑,区域经济很难实现快速增长或是保持经济增长速度。生产技术结构的进步与变化会引起产业结构的相应变化,促进新产业部门的产生以及一些技术陈旧产业部门的衰退。科学技术能使区域经济延缓衰退阶段的到来,促进区域经济继续向前发展。

第五是区域政策。区域政策是区域经济发展的支撑,是影响区域经济发展的重要因素。政府的战略安排和政策支持会改变一个区域经济发展的路径。区域政策会通过财政、税收等手段促进区域内投资环境的建设,促进区域产业布局的调整和产业结构的升级,培育区域经济的发展能力。

(2)区域经济的地位和作用。

区域经济是整个国民经济中的一个重要组成部分,对国民经济的发展起着重要作用。

区域是一种具有空间维度的经济组织,区域经济可以视为一种降低交易成本的机制。区域经济的发展会带动区域内各种生产要素的自由流动,增强区域内经济发展的活力,促进区域内产业结构的优化升级。区域经济的发展会对经济发展水平和现代化程度低的周边地区产生很强的辐射作用,从而促进区域之间的要素、思想观念、思维方式等方面的流动或传播,提高周边地区的资源配置效率和现代化程度。

区域经济的发展能促进区域内劳动力的转移,促进就业岗位的增加,从而实现区域内人民收入水平的提高和生活水平的提高,这有利于维持区域内的社会稳定和持续性发展。

区域经济的发展能促进区域间的分工,区域分工能发挥各区域的比较优势,提高资源的空间配置效率,提升区域的劳动生产率,能从整体上实现区域间的优势互补、互通有无,从而提高国民经济的生产效率和经济效益。

区域经济的发展是发展国民经济的一种非均衡战略。基于各个地方经济发展水平的差异,区域经济能使国民经济形成一些经济增长极和增长点,多个增长极的形成能带动和支撑国民经济的持续、稳定发展。

2.1.1.3　区域经济可持续发展的特征

可持续发展是人类对工业文明进程反思的结果,是为了克服经济、社会和环境问题及其关系失衡而做出的理性选择。区域经济发展追求的目标就是区域可持续发展,它要求根据区域自身特点选择恰当的发展模式,规范人们的生产生活方式,合理利用自然资源,积极保护生态环境,激励区域经济增长,改善人类生活质量,并使区域保持长久、健康的发展能力。这是可持续发展理论对区域经济发展的最大贡献。

区域经济可持续发展不同于传统的发展道路,它具有一些独有的特征:

(1)全面性。区域内如果产业结构单一,特别是依赖资源型的发展模式,会使得区域经济的可持续发展能力降低。资源消耗殆尽后没有其他产业可以支撑整个区域经济的发展,会使得区域经济出现衰退。为了促进区域内经济的可持续发展,区域内的产业结构必须合理,并且能够得到提升。

产业结构是指各产业的构成及各产业之间的联系和比例关系。区域经济要持续发展首先要三大产业部门(农业、工业、第三产业)之间协调发展。农业是一个地区经济发展的基础,无农不富;工业是一个地区经济发展的动力;第三产业的发展也是一个地区经济可持续发展所必需的。三大产业之间的比例关系应该协调。其次是三大产业部门内部各个产业之间的比例和结构必须合理。每一部门内部的产业都应该占有一定的比例,同时产业之间的关联度也应该提高。一个地区的经济要可持续发展必须使各种产业都得到发展。

(2)协调性。区域经济在发展过程中面临着各种矛盾,想要持续发展就必须对这些矛盾进行协调,促进区域内经济的协调发展和社会和谐。区域经济协调发展是指各地区之间的经济发展必须相互配合而不是相互阻碍,这主要表现为:各区域产业结构与当地资源禀赋互补,相互之间的关联性较强,要素在区域内能够自由流动,使得区域内部的生产结构和需求结构协调一致;各区域经济社会发展水平与发展速度配合适当,协调好各方面的经济利益关系,防止社会两极分化和分配不公,因为差距过大最终会阻碍发达地区和整体经济的发展,协调发展要求扭转差距扩大趋势,将差距控制在适当的范围内;各区域经济发展不超过资源生态环境的承受能力,经济发展不以破坏生态环境为代价,协调好经济系统与环境系统的关系,促进经济的可持续发展。

(3)可持续性。此处的可持续性是狭义的,它主要是指区域经济的发展和自然环境之间的和谐统一,主要表现为区域经济发展要朝资源节约型社会、环境友好型社会的目标或要求前进。其中,资源节约型社会是指整个社会经济建立在节约资源的基础上,建设节约型社会的核心是节约资源,提高资源的利用效率;环境友好型社会是指一种人与自然和谐相生的社会形态,其核心内涵是人类的生产和消费活动与自然生态系统协调可持续发展。实现资源节约型、环境友好型社会必须从以下几个方面来做出努力:

首先,必须重视生态。传统经济的发展模式往往忽视了生态效益,只注重眼前的经济效益,所以可持续发展首先就要维护生态效益,这就要求区域内的生产企业在生产过程中要减少废弃物的排放,甚至对环境起到积极的作用。

其次,必须做到高效。企业追求的目标是利益最大化,可能会滥用资源,但是资源是有限的。为了经济的可持续发展,应该提高资源的利用效率,降低耗费速度,且应该促进资源的循环利用。

再次,必须形成循环。传统经济是"资源—产品—废弃物—污染物"单向流动的线性开环经济,这种粗放型和一次性的生产方式使得资源消耗大、生态环境污染严重。可持续的经济社会发展应该做到循环,由单向流动的线性开环经济形式转向双向流动的环形封闭式经济发展模式,形成"资源—生产—消费—再生产"的生产步骤。

最后,必须坚持产品绿色。产品绿色是指产品的设计过程、生产过程、包装过程、消费过程必须做到节能、节水、低污染、低毒,同时产品使用后的废弃物不会对环境造成负面影响,或者能够进行回收。

2.1.2　油气矿区供应链的界定与分析

2.1.2.1　油气矿区对区域经济发展的影响及贡献

(1)油气矿区经济的特点。

油气资源的特殊性质以及油气产业特点使得油气矿区经济具有独特的性质,如下所示:

第一,油气矿区的比较优势。油气矿区油气资源丰富,其资源禀赋会形成油气矿区的比较优势。资源比较优势的形成是一个区域经济发展的动力。油气矿区的比较优势具有不可转移性和不可复制性,且持续时间很长,这有利于油气矿区在经济发展进程中保持其比较优势。同时随着油气矿区资源的开发,国家、政府对油气矿区经济的发展会出台一系列政策,高素质人才资源优势也逐渐形成,这些均能促进油气矿区的可持续发展。

第二,油气矿区的资本密集性。油气产业的发展需要投入巨额资本,其中油气矿区基础建设就需要花费大量的资金,亿吨石油地质储量的勘探费用达10亿元以上,同时整个油气矿区聚集着许多相关的油气企业,可知其资本密集度很高。油气相关产业技术装备多且昂贵,但是劳动力的容纳数量与投资数额并不成正相关关系。

第三,油气矿区的高污染性。油气矿区集中了油气相关产业,包括勘探、开采、炼化、化工等,因为生产对象为石油,因而油气矿区中的各产业都具有很强的污染性。在油气开采、石油炼化过程中会产生石油泄漏、天然气泄漏、采出水以及含重金属废钻井液的排放,这些物质会对生态环境造成严重污染,不仅会污染地表植被和土壤,而且也会污染水体和地下水。

第四,油气矿区的高风险性。首先是无油气资源供给的风险。油气资源是有限的,油气矿区的资源会被开采完,油气资源的持续供给存在风险;同时石油资源蕴藏在地下且地质条件复杂,在一项石油勘探计划中无油气发现的概率是很大的,同时技术的限制也使得油气开采非常困难,从而无法保证油气资源的持续供给。其次是经营风险。油气矿区建设资金投入比较大且投入期很长,从投产设计到具有生产能力需要 3 年左右,再加上其他环节就需要花费更长的时间。而外部环境是在不断变化的,存在不确定性因素,一旦运营不善就会使巨额投资受到损失。

(2)油气矿区对区域经济的影响。

根据加拿大经济史学家哈罗德·因尼斯(Harold Innis)和 W. A. 麦肯托斯(W. A. Mackitosh)的大宗产品理论可知,大宗产品在一个地区经济发展中起到重大作用,拥有丰富资源的地区在经济发展中具有很强的优势。其中,大宗产品是指能直接开采或收获的、加工甚少的、出口到其他地区的自然资源产品。

油气矿区拥有丰富的石油、天然气等自然资源,这些资源就是大宗产品,这赋予了油气矿区一定的比较优势。同时,油气产品是一国的战略资源,这使得油气矿区的油气资源能得到大规模的开发,使资源优势转化成经济优势。油气矿区资源的开采在带动一系列与之相配套的产业部门发展的同时会促进资本、劳动力、技术等因素流入该区域,提升区域的要素禀赋。随着区域要素禀赋的提升,油气资源产业会进一步发展,使油气资源产业由单一的油气开发产业逐渐转变成以油气资源加工产业为主的产业结构,并形成产业的集群和产业的多元化,实现产业结构优化升级。由于油气资源产业关联性强,其前向、后向和侧向的扩散效应很强,因此不仅会带动油气资源产业的勘探业、开采业的发展,也会促进加工业、化工业、化学原料、化学纤维制造业、橡胶制造业等下游产业的发展,同时还会带动纺织、医药、汽车、交通运输等产业的发展。油气矿区对区域内经济增长具有促进作用,有利于带动区域经济的协调发展。

(3)世界油气产业的发展概况。

油气资源属于不可再生资源,对国家的经济安全和军事战略起到至关重要的作用,油气产业的可持续发展性受到的关注越来越多。

油气资源的探明储量伴随着勘探技术的进步在不断增加。油气资源通常包括常规油气资源和非常规油气资源两种。20 世纪 70 年代,法国石油地质学家蒂索(Tissot)构建了干酪根热降解生烃演化模式,提出干酪根晚期生烃学说,使有机生成理论深入人心,风靡全球。干酪根生烃学说成为传统油气勘探的主导理论,按照此理论找到的油气藏称为常规油气藏,勘探开发出来的资源为常规油气资源。非常规油气资源是指不能采用常规的技术手段勘探开发的资源,与常规油气资源相比,其埋藏状态和储存状态有很大的不同,开发难度大,开发费用高。非常规石油资源主要包括油砂矿、重油及油页岩等,非常规天然气资源主要包括煤层气、致密砂岩气、页岩气、甲烷水合物以及生物气等。

常规石油的世界范围分布状况如表 2.1 所示。

表 2.1　常规石油的世界范围分布

单位:亿吨

年　份	亚太地区	欧洲及欧亚地区	中东地区	非洲地区	美洲地区	世界总量
2007	45.71	157.10	1 015.22	156.26	433.80	1 808.10
2008	47.05	155.01	1 018.20	157.31	442.34	1 819.92
2009	46.58	154.17	1 015.07	160.36	454.57	1 830.75
2010	54.98	153.69	1 031.05	163.17	455.58	1 858.47
2011	55.14	152.01	1 030.43	169.33	613.60	2 020.51
2012	57.58	151.73	1 088.50	170.15	618.84	2 086.80
2013	62.13	179.32	1 092.00	174.99	743.43	2 251.86
2014	63.03	179.68	1 093.98	173.60	750.75	2 261.04
2015	62.87	178.80	1 100.18	173.29	756.02	2 271.16
2016	61.80	177.95	1 099.54	172.49	749.30	2 261.08

常规天然气的世界范围分布状况如表 2.2 所示。

表 2.2　常规天然气的世界范围分布

单位:万亿立方米

年　份	亚太地区	中南美洲地区	欧洲及欧亚地区	中东地区	非洲地区	北美地区	世界总量
2005	10.94	60.74	71.43	13.50	14.57	171.18	342.36
2006	11.09	60.98	72.65	13.77	14.95	173.44	346.88
2007	11.88	62.16	72.67	13.75	14.85	175.32	350.63
2008	11.77	61.93	72.18	13.90	16.19	175.96	351.93
2009	12.19	61.25	73.40	14.02	16.49	177.34	354.69
2010	15.25	66.01	75.28	14.05	17.39	187.98	375.96

年　份	亚太地区	中南美洲地区	欧洲及欧亚地区	中东地区	非洲地区	北美地区	世界总量
2011	15.22	65.66	76.08	14.68	18.33	189.96	379.93
2012	14.29	65.46	79.30	14.45	19.33	192.83	385.66
2013	14.77	65.79	79.95	14.58	18.76	193.85	387.71
2014	15.30	65.52	79.66	17.16	19.81	197.45	394.89
2015	13.87	65.35	79.81	17.11	20.70	196.84	393.68
2016	13.90	65.03	79.81	17.14	18.92	194.80	389.61

美国能源信息署(EIA)最新数据表明,世界页岩油资源主要分布在美国、中国、俄罗斯、加拿大、刚果(金)、巴西、爱沙尼亚、澳大利亚等地,资源量达4 110亿吨。美国地质调查局(USGS)统计结果显示,煤层气资源量主要分布在俄罗斯、加拿大、中国、美国、澳大利亚等地,资源量约达256.3万亿立方米;油砂资源主要分布在北美洲、俄罗斯、拉丁美洲和加勒比海等地,资源量达6 510亿桶;页岩气资源主要分布于北美、中亚、中国、拉美、中东、北非等地,资源量达456.24万亿立方米;致密气资源主要分布于北美、拉美、前苏联地区、中亚、中国、中东、北非等地,资源量达209.72万亿立方米。由调查数据可以看出,非常规油气资源已经成为世界能源结构的重要构成部分。由于非常规油气资源分布不均衡,世界范围内油气资源的争夺形势更加严峻。

世界各国不断探索先进技术,加强管理控制,以求提升油气资源的开采效率和出油率。油气资源开发重视对油藏开发的前期评价工作,重视采用油藏三维精细数值模拟和地质模拟提高开采的精确度,并对油藏开发进行实时跟踪记录,编制钻井地质设计和试油试采方案;通过关停低产高耗、高含水量的油井,分析油水井状况,优化运行系数,延长稳产期,提升系统效率;重视对建设项目的管理,对投资规模严加控制,通过项目合同制提高双方工作绩效。

2017年,世界石油加工能力持续增长,新增能力主要来自亚太和美国,世界石油加工能力仍保持亚太、北美、西欧三足鼎立格局。未来,世界石油加工能力将继续增长,新增产能主要集中在亚太和中东地区。各国的石油加工业因经济实力和技术发展水平不同而有很大的差距。伊拉克炼油工业相对落后且组织结构简单,2016年全国原油加工能力约4 900万吨/年,减压蒸馏能力768.5万吨/年,催化重整能力378.4万吨/年,加氢精制能力1 547.6万吨/年,加氢裂化能力393.5万吨/年。伊拉克政府2017年出台国家发展计划,拟将炼油能力增加至74万桶/天,计划投资200亿美元建设4座炼厂。

安哥拉国内只有 1 家炼油厂,原油加工能力是 325 万吨／年。苏丹 2016 年总的加工能力为 608.5 万吨／年。厄瓜多尔共有 3 家炼油厂,总的加工能力为 17.6 万桶／天。2017 年,我国石油加工能力为 7.7 亿吨／年,位居世界第二,炼油基地主要分布于环渤海地区、长三角地区、珠三角地区;新增炼油能力约 4 000 万吨／年,占世界新增能力一半以上;地方炼厂淘汰落后产能 2 240 万吨／年,约占世界减少总量的 45%。我国炼油总能力继续保持数量和质量双增长态势,石油炼化工业的抗风险能力和竞争能力不断增强,有力地支撑了国家经济的持续、健康发展。

虽然油气产量未来会不断增长,但是总体看来,21 世纪前期总的趋势是世界市场供求基本平衡或供略大于求。OPEC(石油输出国组织)增产压力上升,伊拉克原油生产的发展以及非 OPEC 国家,尤其是俄罗斯、墨西哥和西非国家石油产量和出口量的增加,加强了这一发展趋势;非 OPEC 和 OPEC 争夺世界石油市场份额的竞争更加激烈。中国与亚洲部分国家(如印度、印度尼西亚)快速增长的石油需求不会改变世界原油市场的供求趋势。世界油气资源和生产的这样一种态势,为中国利用世界油气资源创造了有利条件。供略大于求的趋势使得各个国家积极寻求能源合作,减少了对大国单极势力的依靠,降低了潜在的单边制裁风险。

结构性失衡是世界石油市场面临的主要问题之一。一方面,油气资源的储藏及供应分布不均;另一方面,世界油气资源的供需存在着区域性失衡严重的现象。石油市场在供需地理上的不均匀分布凸显了世界石油供需格局的紧张局势,将国际石油市场的变化与国际政治经济的变化紧密地联系在一起。中东和亚太是供需失衡最严重的两个地区,亚太地区是严重的供不应求,而中东地区正好相反。亚太的石油产量是世界的 10.4%,但消费高达 26.45%。中国是石油需求增长最快的市场之一,2010 年中国的原油市场需求缺口为 1 亿吨,到 2020 年预计需求缺口将达 1.6 亿吨,对国际市场的依赖程度进一步增强。

(4)世界油气主产国和著名油气公司的可持续发展实践。

由于油气资源越来越少,各国及各油气公司都在探寻油气资源可持续发展的途径,在技术、政策和管理等多个方面进行了大量的努力,以期增加能源的储备量,将油气资源可供开采的时间延长,实现可持续发展。这对探索我国油气资源的可持续发展提供了宝贵的借鉴。

①美国油气的可持续发展状况。

美国是世界上经济最发达的国家,其经济发展更是离不开油气资源,从某种程度上说,美国经济发展水平与油气资源的消耗程度呈正相关关系。美国实现油气资源可持续发展的要求非常迫切,假如油气资源供应不足,其经济将会受到严重的打击。

为了满足油气资源可持续发展的要求,美国政府在政策方面加强引导,制定相关的法律法规,鼓励节能企业发展,降低其税负,加快建设资源节约型社会进程,设立专门的能源管理机构,加大对可再生能源资源发展的支持力度。与此同时,加快发展勘探开发技术,设计新的生产工艺流程,加快建设基础设施,储存油气资源。美国不仅关注本国油气资源产量的提升,而且重视对外资源的需求,积极协调与国际能源机构的合作,实现油气资源进口渠道的多样化,降低对中东地区石油资源的依赖程度,以此保障油气资源的安全供应,实现油气资源的可持续发展。

值得注意的是,美国页岩油、页岩气的开采管理技术取得了突破性进展,极大增强了美国的原油自给能力。自2011年开始美国页岩油生产开始加速,2017年底页岩油产量增长至530万桶/天。2005年美国原油净进口量曾达到1 080万桶/天,2017年底降至约600万桶/天,原油进口依存度从2005年的66%降至2017年底的36%,逆转了美国自海湾战争以来的原油进出口发展趋势。美国页岩油技术的发展深刻影响了国际原油市场,2016年美国成为全球最大的液态石油产出国。按照现有数据估算,美国可能于2023年超过俄罗斯,成为全球最大的原油生产国。

②沙特油气的可持续发展状况。

沙特作为世界上油气资源储量最多、产油量最大的国家,在世界油气产业的发展中发挥重要的作用。2010年9月,沙特阿美公司表示,沙特的石油储量为2 600亿桶,在保持现有发展速度的前提下,可以连续生产80年。作为世界上第一大石油输出国,2009年沙特的石油出口量平均达到727.6万桶/天,价值高达1 574.07亿美元,沙特89.7%的国民收入来自石油出口。由于油气资源的不可再生性和有限性,沙特油气资源实现可持续发展对于国民经济可持续发展的实现格外重要。

沙特实施了众多措施以推动油气资源可持续发展的进程。为保证未来的能源储备,沙特一方面对部分油藏实施雪藏,另一方面控制对新发现油田的开发。沙特创建了高效、高度一体化的国家石油工业,提高炼油水平,增加石油应用的多样化,设计环保方案,保护生态,与此同时,加大对科技的投入,加强国际合作,以此进行可再生能源的研发。开发可再生资源既可以降低本国油气资源的能源消耗,延长油气资源的开发年限,又可以巩固沙特在国际能源市场的地位。

③荷兰皇家壳牌集团的可持续发展状况。

荷兰皇家壳牌集团是世界上主要的石油公司之一,业务遍及 130 个国家,勘探生产、油品、天然气电力、化工和可再生能源是其五大核心业务。壳牌本着对社会负责的态度提供清洁能源,重视对可再生能源的开发利用,致力于可持续发展的实现。

壳牌注重开发再生能源。近年来,在林业和太阳能等新领域做了大量的研究,业务范围涉及替代能源技术、生物业务和新材料等方面。壳牌也注重开发新技术。通过对新技术的研究,解决开采难度大的油气资源的开采问题,研制先进的润滑油和交通燃料降低排放,提升燃油的效率。壳牌还关注对碳捕集和封存(CCS)技术的改善,为了推进 CCS 技术的发展,参与了多项示范项目,包括首个陆上二氧化碳封存研究项目。壳牌对采油投资的研发十分重视,通过运用先进的技术和经过改进的设备,不仅降低了钻井费用,而且降低了生产人员的生命危险。壳牌还加强对业务可持续发展的重视程度,努力降低石油和天然气生产对环境与社会带来的不利影响,保证作业安全,在降低业务发展对环境的不利影响的同时,以互信互惠互利为基础,建立业务所在地良好的社区关系。最后,努力促进工作方式的可持续性发展。壳牌的控制体系包括商业原则、行为准则以及健康、安全、安保、环保标准等原则及规范,壳牌所有控股公司与合资企业都必须落实该控制体系。壳牌将环境和社会作为规划设计大型项目以及投资决策过程中的重要考虑因素。例如,自 2002 年以来,壳牌将各项目中 CO_2 排放的预期成本纳入了所有重大投资决策的考虑范畴之中。对环境、社会影响和健康的评估也成为各大型项目和大规模运营现有设备工作之前的必要环节,这为公司采取对应措施,降低业务运行对环境和社会的负面影响做了准备工作。

④美国大陆石油公司的可持续发展状况。

美国大陆石油公司的业务主要包括油气勘探开发、炼油、销售与贸易等,业务范围达 40 多个国家或地区,是一个拥有百年历史的国家能源企业。

美国大陆石油公司的可持续发展战略以四个核心价值为中心,主要包括安全健康、环境保护、尊重人与商业道德。在可持续发展战略的基础上,该公司制定并实施了一系列战术及政策措施。在环境保护方面,大陆石油公司努力减少油气勘探中排放的 CO_2,重视回收天然气的工作。在日常管理中,大陆石油公司在为股东创造价值的同时,重视奉献社会、服务社会、为社会创造价值,促进社区经济的发展、社会进步和环境的保护工作。在技术和经济方面,重视在公司传统业务上开发新的技术和业务,如天然合成油技术、天然气液化技术和碳纤维工艺专有技术等。

由上述国家和石油公司为实现可持续发展所做的实践可以看出,油气产业和矿区的发展与区域经济的发展密不可分,为了推动区域经济的可持续发展,加强油气矿区供应链管理十分必要。

2.1.2.2 油气矿区供应链的界定

（1）供应链的概念。

供应链是一种能够促进企业提升生存能力和竞争能力的战略管理思想。从 20 世纪 90 年代起,供应链就被世界所关注。供应链涉及多个学科的相关领域,目前国内外的学者对供应链的许多问题进行了研究,取得了一系列成果。

供应链一词来源于英文 supply chain。供应链是一个系统,是人类生产活动和经济活动中的客观存在。供应链的概念是通过前伸和后延企业生产活动形成的,在供应链理念发展的各个阶段,各个国家的学者对供应链的理解也不完全一致。

美国著名学者伊文斯（Evens）认为,供应链连接了原材料供应商、制造商、分销商、零售商和客户并将其形成一个整体的模式,以信息流和物流的方式实现信息反馈和整体连接。

在《中华人民共和国国家标准物流术语》中,供应链是指生产及流通过程中,涉及将产品或服务提供给最终客户的上游或下游组织所形成的网链结构。但物流行业中通用的供应链概念为华中科技大学马士华教授所提出来的,即供应链是以一个核心企业为中心而形成的,对在经济活动中产生的信息流、物流、资金流进行控制,通过整合生产产品的上下游活动把其中涉及的供应商、制造商、分销商、零售商和最终的用户组成整体,并形成一种功能性的网链结构模式。如图 2.2 所示,供应链上的每一个节点都代表着一个企业,企业之间的关系是一种需求和供给的关系。

图 2.2 显示,供应链是一个由围绕核心企业的供应商、供应商的供应商、用户以及用户的用户组成的网链结构。每个企业都是一个节点,节点企业之间存在着需求与供给的联系。

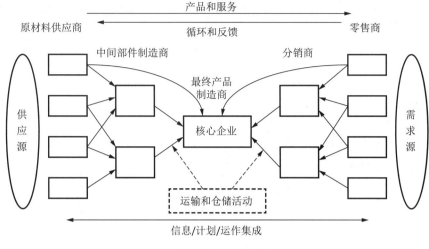

图 2.2　供应链结构图

（2）油气矿区供应链的内容分析。

油气产品是一种战略物资,在世界各国的经济发展中有着重要的地位。由于国际油价的不稳定以及经济形势的复杂变化,油气开采企业面临着前所未有的挑战。油气矿区供应链以油气开采企业为核心企业,作为能源型供应链,选择合适的价值增值路径对油气开采企业创造价值有重要的意义,对发展供应链其他成员企业和区域经济也有重要的推动作用。对此,众多国内外学者做了深入研究。

油气矿区供应链处于一个整体或系统中,不是孤立存在的,且与区域经济的可持续发展密切相关。基于区域经济可持续发展的油气矿区供应链是指油气矿区供应链在考虑区域生态效率平衡点后形成了一个闭合的供应链,试图创造一种模仿健康自然系统的工业系统。图 2.3 显示,区域经济从不可持续发展转化为可持续发展的路径是提升油气矿区供应链生态效率。该路径一方面能够满足人类在产品和服务方面的需求,提高生活质量;另一方面可减少整个产品生命周期中由于油气开采而产生的不良生态影响,降低能源消耗密度。

从本质上说,油气矿区供应链是一种"开路循环",勘探开发、油气运输、炼化、销售以及消费等环节向外界环境排放废弃物,在不同程度上损害了环境。油气矿区供应链仍然是大量生产、消费、排放的单程经济模式,只不过是采取了另外一种形式,在没有经济质量变化甚至降低经济质量的情况下维持经济增长速度。

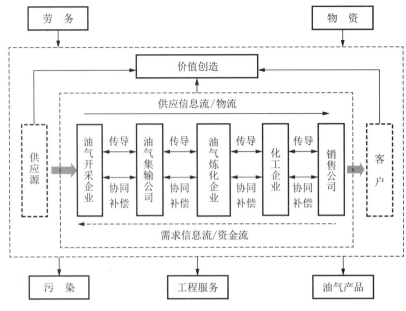

图 2.3   油气矿区供应链结构图

由于石油行业具有特殊性,油气矿区的供应链十分复杂,具有以下一些独特的特点:

首先,能源产品是油气矿区供应链的主要产品,主要包括成品油、天然气和化工产品等国家重要的战略储备资源,这些产品既关系国计民生,也关系国家的军事、外交等领域。因此,油气矿区供应链既要适应市场"看不见的手"的变化,又要与国家、政府的"看得见的手"相联系。油气矿区供应链中除了包括市场上的各行为主体外,还包括政府这一组织,如政府需要在勘探生产过程中批复土地资源占用协议,在油气管道跨区域建设中发挥主导作用,对油气产品进行一定程度上的定价等。

其次,油气矿区供应链大致包括原材料供应、勘探、生产、运输、炼油、化工、分销、客户等环节。供应链的节点企业数目众多,组成跨度大,产业链很长,而且很多节点企业都是跨境经营的,经营单位分布很广。

再次,从供应链上各环节之间的关系来看,各节点企业之间不仅有独立的法人关系,也有隶属关系,还包含着系统内部的关联关系,错综复杂。

最后,油气矿区供应链确定核心企业与一般的供应链存在差别,整个供应链依靠核心企业来实现协调运作。这里的核心企业是指具备核心能力,在供应链上发挥核心作用的企业,它是整个供应链的管理中心、信息集成与交互中心以及协调控制中心。

2.2　油气矿区供应链管理对区域经济发展的影响

2.2.1　供应链管理模式的产生和发展

供应链管理产生于企业在愈发激烈的市场竞争中不断探索满足自身发展需要的管理模式的实践。20 世纪末,企业所面临的外部环境发生了巨大变化,这些变化对企业的经营和获取竞争优势产生了重要的影响。一方面,产品生命周期不断缩短,产品品种不断增加,顾客的消费水平不断提高,对产品和服务的期望值越来越高,企业必须不断地研究市场需求,及时对市场的变化做出反应,提高企业的竞争力;另一方面,20 世纪 90 年代背景下的"纵向一体化"模式增加了企业资金的使用周期,企业的投资负担加重,新项目投资周期长,企业要承担丧失市场机会的风险,还要在不同的业务领域与众多的竞争对手博弈。在这样的背景下,供应链管理产生了。供应链管理在世界各地受到的关注越来越多,各国学者做了很多的研究与讨论,但尚未形成统一的概念。美国管理学家伊文斯(Evens)认为供应链管理就是通过对信息流、资金流、物流的控制来实现对供应链整体管理的模式。美国经济学家菲利普斯(Phillips)把供应链管理看作一种新的管理策略,通过把各个相连的企业联结成一个整体,从而提高整体效率,在这个过程中应重视或充分实现节点企业之间的合作。我国学者吴敬琏的观点是,把产品的全部相关生产过程组成一个完整的链条,环环相扣,然后利用现代的信息网络技术协调企业各种经营活动,从而实现整体系统的优化,加快信息传输速度,降低成本,提高整体效益。实现信息化是进行供应链管理的精髓所在,可以最大限度地减少交易成本,整合生产过程,使物流配送更加快捷高效。虽然不同学者的观点不同,但是依然存在共同点,即强调信息化和集成化。

供应链管理思想的产生和发展大致经历了如下四个阶段:

(1)萌芽阶段。20 世纪 60 年代到 70 年代,供应链管理处于萌芽期,此时各企业和企业内部的职能部门都实施"本位主义",各自为战,缺乏统一性和集成性,合作次数少且关系松散。

(2)初级阶段。20 世纪 80 年代到 90 年代初,"供应链管理"这一专业名词开始产生,企业的内部集成和外部集成的集成化思想也在此时产生。

(3)形成阶段。20 世纪 90 年代初到 20 世纪末,协同供应链理论开始形成,各企业开始寻求向网络式的供应链管理模式转变,通过集成业务来协调相互之间的合作,这得益于信息技术的发展。

（4）成熟阶段。21世纪初到目前以至将来,供应链管理进入成熟阶段。Internet和电子商务的发展使各节点企业之间实现了协同化运作,企业的管理得以不断完善,包括系统优化、资源配置、信息共享和决策等方面的管理,强调对未来各种经营活动或是市场预期的可视性。

供应链管理涉及企业的方方面面,其中最主要的是四个方面,即需求(demand)、生产计划(schedule plan)、物流(logistic)和供给(supply)。图2.4显示,供应链管理以各种技术作为支撑,以基于Internet/Intranet的全球信息网络为依托,围绕着需求、生产计划、物流和供给来实现集成化。

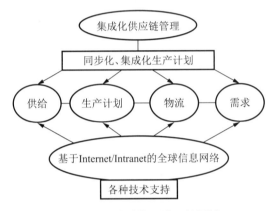

图2.4 供应链管理涉及的领域

供应链管理的基本思想是整合核心竞争力。一方面,通过内部供应链管理,整合企业内部的核心竞争力;另一方面,通过外部供应链管理,整合供应链上各个企业间的核心竞争力。供应链管理一般包括物资流通、信息流通、商业流通与资金流通四个流程。

供应链管理的目标在于提高用户服务水平和降低总的交易成本,并且寻求两个目标之间的平衡。供应链管理主要有八大关键业务:

（1）客户关系管理。供应链管理以客户为核心和出发点,因此要把发展与客户之间的合作关系作为供应链管理工作的重中之重。

（2）客户服务管理。客户服务管理有利于实现信息共享,在获得客户信息的同时为客户提供产品的信息。

（3）需求管理。销售终端管理系统和客户数据有利于企业获取产品及服务方面的需求信息,有利于将企业的供给与客户的需求相匹配,从而降低不确定性,提高供应链管理的效率。

（4）完成订单。供应链管理要求企业提高完成订单的效率,尽到企业职责。订单的完成主要包括生产、分销和运输等部分。

（5）制造流程管理。在供应链按需生产的模式下，企业的生产活动要及时对市场需求的变化做出反应，制造流程管理可以有效地缩短生产周期，提高市场反应速度。

（6）采购。供应链管理中的采购，通过与供应商长期合作以及集成采购等方式，可以提高效益，满足企业开发新产品的需要。

（7）产品开发和商品化。新产品开发的参与者既要包括企业本身，又要包括供应商和客户，这样才能在较短时间内以较低成本内开发出符合客户需要的新产品。

（8）反向物流。反向物流可以有效地提升服务质量，增加客户满意度，建立良好的客户关系，同时对资源节约、环境保护和经济的可持续发展也做出贡献。

通过这八大关键业务，供应链管理对提高企业的生存能力和竞争能力，更好地适应日渐激烈的市场竞争具有重要的意义。这也使得供应链管理与传统的管理模式相比有着明显的区别，具体体现如下：

（1）供应链管理是一种集成化的管理模式。供应链管理把供应链上所有的节点企业看成一个统一体，将物流、信息流和价值流贯穿在供应链的全过程中，实现企业内部集成和外部集成。而传统的管理模式往往基于各职能部门，各职能部门相对独立，难以实现整体效益的最优。

（2）供应链管理是全过程的管理。供应链管理在供应链的基础之上将供应链上的各节点企业紧密结合成一个有机整体，各个环节都是供应链管理的客体。

（3）供应链管理采用全新的库存观。库存在传统的管理模式中是必要的措施，并且企业的整体库存要保持稳定。而供应链管理中供应链上的各节点企业间通过战略合作，实现信息共享，提高反应速度，减少总体库存。

（4）供应链管理以最终客户为中心。供应链是基于最终客户需求而建立的，供应链管理中只有客户满意，才能使供应链的各个环节紧密连接，否则供应链就会出现断裂。

目前，供应链管理越来越受到人们的重视，在协调物流、信息流和资金流，促进电子商务的发展以及供应链支持技术方面，都发挥了重要的作用。企业通过实施价值链管理，可以有效地降低企业的成本，提高管理效率，从经营战略上加强企业的竞争优势。供应链管理在企业中的应用越来越广泛，发展趋势良好。

2.2.2　油气矿区供应链管理对区域经济的带动作用

石油是各国竞相储备的重要战略资源,油田企业作为国民经济的支柱产业之一,给区域经济发展带来了深远的影响,对油气矿区供应链进行管理可以对区域经济发展起到积极的带动作用。

（1）提升区域内的要素禀赋。区域之间存在着非均衡力,这主要是由于各个地区的自然条件、要素禀赋不同。油气矿区的油气资源丰富,但这些资源不可流动,从而形成了区域经济发展的比较优势。在油气矿区供应链管理中,企业的核心业务会集中较多的资源,有利于形成核心竞争力,进一步巩固油气矿区的比较优势。比较优势和交易效率在新兴古典经济学的分析框架中是经济发展的直接驱动力。

现代社会市场的进一步开放提高了资金、技术、劳动力等要素的流动性,各要素由于趋利性会向回报率高的地区或者部门转移,体现了区域内资源的重新配置过程和区域间经济发展水平较高地区生产要素的聚集过程。油气矿区供应链管理巩固了油气矿区的比较优势,对油田相关企业的市场竞争力、盈利能力和发展能力有很大的提升作用,也使得油气矿区各种要素的回报率高于其他地区,这种市场效应和价格效应会形成一种聚集力,将劳动力、资本、技术等要素集中于油气矿区或者石油部门并形成核心区,大大提升了区域内的要素禀赋结构。

（2）提升区域内主导产业的发展能力。石油行业比较特殊,其相关企业的生产经营活动在很大程度上具有不可分性,各个生产工序在空间上不能截然分开,如果在不同的区域内组织生产,交易成本和运输成本会显著上升。油气矿区供应链管理可以将相关企业集中进行布局并形成产业集群,很大程度上减少整个行业的交易成本和运输成本,区域内竞争力也显著提高。

再者,当实行供应链管理时,各节点企业都会将业务集中于本企业具有核心竞争力的环节,有利于提高专业化程度,增加企业间的交易频率,加深企业间的协作关系。油气矿区供应链上的各节点企业在竞争中长期合作,形成一种战略联盟。尽管石油各相关企业之间的交易涉及多个方面,但是通过一次性签订长期协议,避免进行经常性的谈判,可以减少交易在时间和空间上的频繁变化,在很大程度上降低交易成本。

油气相关企业的生产要素伴随着石油产业集聚或是核心区域的形成进一步聚集,主要包括劳动力、资金、能源、运输及其他专业化资源等,区域内要素禀赋的结构进一步得到改善。石油产业集聚对区域内的知识外溢和创新网络的形成有良好的促进作用,有利于增强区域内经济的竞争力。油气矿区内的企业之间以及企业与其他行为主体之间会在这个聚集的空间内结成合作创新的网络,使得劳动力、资本、技术等生产要素以及新知识、有价值的思想和信息在油气矿区的创新网络中顺畅地流动、扩散,不断增值。

（3）促进区域内产业结构的优化与升级。油气矿区供应链管理推动油气产业集聚,更多相关的石油、天然气产业在此集聚,区域内石油产业的结构因此而发生变化,从单一以勘探开发为主发展到综合炼油、化工等其他一些深加工产业,开发精细油品、精细化工产品乃至合成材料、有机原料、各类专用化学品以及规模大、档次高的塑料和化学纤维制品,推动油气矿区产业的多样化发展,促进相关产业的发展。

法国经济学家佩鲁（Perroux）指出,增加推进型企业或产业的产出或需求,能够增加另外一个或几个产业的产出水平和购买能力。因此从总体上来看,推进型企业或产业能使一个国家或地区国民经济的增长总量远远超过其自身产出的增长量。推进型企业是区域内经济增长的"增长极",石油行业便是油气矿区的经济增长极。石油行业可以有力地带动化工、机械、运输、物流等石油配套产业的发展。

油气矿区供应链管理可以促进劳动力的流入,根据循环累积因果关系规律,人口转移造成消费支出转移,消费支出转移导致生产活动转移,生产活动转移又进一步促进人口转移,这种需求关联的循环累积因果关系不断进行自我强化。这种循环累积会促进房地产、交通、通信、餐饮、农副产品加工业等相关产业的发展,进而改变油气矿区单一的经济结构,促进油气矿区农业、工业、第三产业的协调发展,使得区域内的产业结构得到优化升级。

（4）有利于区域内的资源节约和环境保护。反向物流是油气矿区供应链管理中的重要业务之一,通过反向物流,企业可以推动资源的反向流动,促进资源的再生产,提高资源及能源的使用效率,降低废弃物的排放,有助于减少环境污染,推动国家经济的可持续发展。不过,石油作为一种能源物质,在开采、炼化、运输以及使用的过程中难免会产生废物、废气,从而污染环境,甚至威胁生态平衡、人类健康。

整体看来,油气矿区拥有明显的比较优势,通过运用供应链管理,可以有效地提高资源的使用效率,降低资源消耗,优化企业经济效益和社会效益,但也要重视它对社会环境所构成的威胁。油气矿区发展对区域经济的影响如图2.5所示。

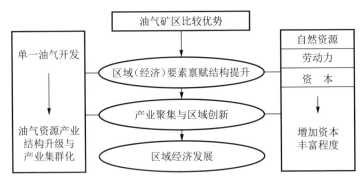

图 2.5　油气矿区供应链管理对区域经济可持续发展影响的路径分析

2.3　区域经济可持续发展对油气矿区供应链的要求

2.3.1　油气矿区发展面临的问题和挑战

油气矿区石油资源非常丰富,使其在经济发展方面具有很强的比较优势,但是随着经济的全球化、社会的不断进步以及对环保的关注,油气矿区在发展的过程中面临着众多的问题和挑战。

2.3.1.1　油气资源的供需矛盾

从世界油气总量上来看,供给和需求相适应,但如前文所述,油气资源供求区域经济结构的不平衡加剧了世界油气供需格局的紧张态势。由于油气资源具有战略性等特性,供需矛盾的激化会进一步刺激世界上对油气资源的争夺,给油气产业的发展带来极大的不确定性;油气产品国际价格的频繁变化以及油气资源大国或公司对价格变化的影响或控制等因素,给油气矿区的发展带来很大的挑战。

2.3.1.2　新能源的开发、利用面临困境

油气资源是一种不可再生资源,终会面临耗竭的问题,因此对新能源进行研究、开发和利用对实现资源的有效衔接,提高能源的安全性以及自给能力十分重要。新能源的开发、利用已经取得了较大的成就,但是也面临着一些问题。市场规范方面,由于新能源市场是新兴市场,国家产品质量标准和监督体系还不完善,市场秩序缺乏规范,限制了新能源市场的健康发展;人才方面,相关人才出现断层、水平参差不齐,导致新能源研发等方面高素质的复合型人才缺乏;环境方面,虽然新能源在最终产品使用环节与传统的能源相比是清洁的或者污染较少,但是从新能源产品生产的全过程来看,也会排放大量的污染

物,浪费极大的资源,并对生态环境造成威胁,新能源并没有实现整个产品周期中的清洁或者减少污染的最终目标。

2.3.1.3 油气矿区发展所受挑战

人类对区域经济可持续发展的关注越来越多,由于油气矿区或石油行业生产排放的废弃物量多,对环境造成很大的破坏,因而在实现社会、经济、环境的可持续发展方面临着很大的挑战。低碳经济、3E 协调思想等可以有效地促进可持续发展的实现,但是对油气矿区或石油行业的发展也产生了极大的制约。

低碳经济的目标是追求更少的资源消耗和环境污染,将低耗能、少排放、少污染作为经济的发展基础,从而获得更多的产出。我国的经济发展模式还比较粗放,主要体现为高能耗、高排放、低产出。经济指标、社会指标、技术指标和排放指标等是低碳经济的主要衡量标准,但是这些指标是基于发达国家的经济实力、技术实力等制定的,以我国油气矿区目前的经济发展水平和社会发展水平还很难达到要求,增加了我国向新能源转型的压力,不利于我国能源结构的调整,同时也增加了我国油气产业和油气矿区节能减排的舆论风险。

3E 系统主要是指能源(energy)、经济(economics)、环境(environment)这三个子系统,3E 协调思想是要实现这三个系统之间的综合平衡和协调发展。油气产业或油气矿区的发展都必须正视如何实现三者之间平衡的问题。在油气开采和石油炼化过程中都会产生一些对环境造成破坏的污染物,经济、能源和环境之间是相互制约的。要想实现三个系统的协调发展,必须采取系列措施,如控制污染物的排放量、发展新能源等。

2.3.2 区域经济可持续发展的新要求

普通模式的油气矿区供应链无法满足区域经济发展的需要,而且出现了资源浪费、环境污染、资源使用效率不断降低的状况。因此,区域经济的可持续发展对油气矿区供应链提出了新的要求。

2.3.2.1 区域经济价值创造越来越依靠供应链的实现

在当今时代,经济全球化发展、科学技术不断进步、全球化信息网络和全球化市场形成、技术变革加速、竞争越发激烈,供应链管理模式在越来越多的企业中得到了应用。很多经济学、管理学领域的专家都认为市场竞争将由企业间竞争转为供应链间的竞争。

供应链不仅是一条物流链、信息链,也是一条价值增值链,能给相关的节点企业带来收益。其中的各个节点或环节都成为企业价值创造的重要源泉，因此各节点企业应当以客户的需求为导向，不断满足客户的需求，降低成本，实现供应链成本最小化，从而实现企业价值和供应链整体价值最大化。

区域经济发展要不断实现价值增值或者提升竞争力，就要对供应链不断优化。因此，油气矿区供应链应该加强集成化的采购管理，在提高物流速度的同时减少库存，降低资源、能源的浪费，整合供应商，重视客户关系管理，在合作与诚信的基础上建立战略联盟，发挥核心石油企业在区域内的核心作用，促进各个节点企业的发展，优化油气矿区供应链，实现区域的价值创造。

2.3.2.2 区域经济可持续发展要求油气矿区节约资源

虽然油气矿区的油气资源非常丰富，但是整体来说，资源是稀缺的，要实现区域经济的可持续发展就必须节约资源，提高资源的使用效率。

油气矿区要重视各节点企业之间物流信息的流通速度和生产信息共享情况，监督各节点企业产品生产的资源、能源和库存使用情况，减少浪费，同时加强资源和能源的逆向流动，实现反向物流，使得其他企业可以回收或再利用供应链节点企业排放出的废弃物，推动资源和能源在整个供应链系统中的循环。

油气矿区要推动区域经济的可持续发展，还要不断进行技术改造，将高耗能、低效益的生产工艺逐渐淘汰，走内涵发展的道路，形成资源节约型的生产模式。油气矿区要站在全局的角度，将资源浪费严重、生产规模小、环境污染严重的小炼油企业关闭。

2.3.2.3 区域经济可持续发展要求油气矿区加强环境保护

石油资源粗放型的开采和生产导致生态环境不断恶化，主要体现为：大量草原植被被破坏，草场退化、盐碱化和沙漠化的面积越来越大，城市地下水水位下降、水体污染，油气开采和炼化过程中产生的石油、天然气、废水以及废钻井液等污染物泄漏。这使得油气矿区的环境污染问题越来越严重，限制了区域经济社会的发展。因此，要实现区域经济的持续发展，就要重视油气矿区的生态环境状况，这对油气矿区提出了如下要求：

首先，油气矿区供应链对不符合环境保护要求的生产工艺加以治理甚至淘汰，支持油气企业采用循环式生产，研发耗能低、环保的工艺技术；控制会污染环境、破坏生态的石化产品的生产，支持生产绿色产品；将油气行业污染物的排放标准和产品质量标准进一步提高，还可以对排放权进行收费，逐渐与国际先进水平接轨，尽快达到环境友好型社会的标准，以最小的环境代价、最少的物耗和能耗获取最大的经济效益和生态效益，实现可持续发展。

其次,供应链管理要遵循"健康、安全、环保"的发展理念,抓住重点,做好区域环保工作;评价、检测油气矿区内的环境影响,科学合理地规划区域环保,对污水的处理通过建设集中处理设施,做到分散收集、集中处理、统一排放、实时监测。

最后,进一步规范生产和排放程序,落实节约能源、清洁生产等一系列的环保措施;按照既定程序对所有的勘探和开发项目进行环保审查,物耗、水耗、能耗和产品的质量指标都要符合国家标准的要求,并达到国内或国际同行业先进水平。

2.3.2.4　新的发展模式要求油气矿区供应链推动区域社会进步

区域经济实现可持续发展要求在经济上提供持续发展的动力,但也会受到社会等因素的制约。区域社会的进步状况与区域经济的发展能力紧密相关,区域内经济和社会的协调发展是区域经济发展的基本要求,因此油气矿区供应链管理在推动经济发展的同时,必须能促进区域内社会的进步。

首先,完善交通设施。油气矿区需要大量的客流和物流,这就要求具备配套的基础设施建设,如铁路、高速公路、港口、机场等,从而可以带动该区域交通设施的建设。建设交通基础设施,不仅是开发的基本条件,也是发展的基本条件,是一个区域经济、社会进步的开始。

其次,完善信息化建设。油气矿区供应链管理包括信息流的管理,信息流的管理可以推动区域内建设完善的信息管理和通信设施。这些设施的建设具备外部性,对油气相关企业科学技术的发展起到推动作用,对整个区域内部的信息化建设以及通信业的发展发挥带动作用,为整个区域社会的发展做出贡献。

最后,完善公益服务。进行油气矿区供应链管理还要承担矿区的建设和维护等公益服务,解决矿区工作人员的发展需求,如住房、医疗、学校等。供应链管理对区域内创新网络形成的推动会促进当地教育事业的发展,发展教育是一个地区进步的不竭动力。

2.3.3　加强油气矿区供应链管理及其成本管理的必要性

伴随着市场的全球化,世界各油气公司的业务范围扩展到了全世界,各油气公司纷纷开始进行跨越国界的生产、销售或合作。在这种环境下,各国国内油气矿区面对的竞争对手不仅来自国内,还来自国外,油气矿区的发展环境也开始发生变化。世界范围内的竞争进一步提高了油气矿区对供应链运用的要求,因此通过采用先进的供应链管理模式提高管理能力,提升油气矿区的整体经济实力变得十分迫切。

由于经济活动节奏加快,用户的产品交货时间逐渐缩短,时间成为市场竞争的平台。如何有效地应对市场变化,提高企业的反应速度,加快供应链的供应速度,成为油气矿区发展所面临的挑战。市场的竞争转变成供应链之间的竞争。

通过加强油气矿区的供应链管理,各节点企业可以将资源集中到核心业务上,同时外包非核心业务,可以形成供应链上的专业分工,加强各节点企业的核心竞争能力,提高油气矿区的竞争力。油气矿区的价值创造对供应链的依赖程度越来越高,加强和改善油气矿区的供应链管理是油气矿区实现可持续发展的必要措施。

油气矿区通过供应链管理模式可以不断提升竞争力,实现价值增值的目标。油气矿区供应链的各个环节是企业价值创造的重要来源,降低各节点企业的成本,将成本管理作为价值管理的一部分,有利于实现价值创造。将成本管理通过供应链这一路径渗透到所有企业,可以加强和改善整个供应链的价值创造能力,通过合作达到共赢,实现总体价值的最大化和总成本的最小化。因此,油气矿区供应链的价值增值可以通过加强供应链成本管理来实现。

综上所述,加强油气矿区供应链管理及其成本管理是实现油气矿区可持续发展的必要措施。

2.4 基于区域经济可持续发展的油气矿区供应链的构建

2.4.1 油气矿区供应链的构建原则及标准

2.4.1.1 油气矿区供应链的构建原则

在对供应链进行设计构建的过程中,为了达到贯彻落实供应链管理的目的,应遵循一些基本的原则,这些原则包括自上而下和自下而上的设计原则、简洁性原则、互补性原则、动态性原则、协作性原则、创新原则和战略性原则。值得注意的是,由于本书的关注重点在于基于可持续发展战略思想对供应链成本管理进行研究,所以供应链的设计除了应该遵循基本原则外,还应该遵循可持续发展原则。可持续发展包括经济的持续发展、社会的持续发展以及生态的持续发展,这三者之间应保持协调性。可持续发展应遵照的原则有公平性原则、持续性原则、共同性原则。于是,基于区域经济可持续发展的油气矿区供应链构建不仅需要遵循供应链设计的基本原则,还应在一定程度上与以下原则相结合:

（1）可持续性原则。自然资源和环境构成人类生存和发展的基础。人类能够持续发展是建立在保证自然资源供给的持续性和生态环境发展的长久性的基础之上的。传统意义上的供应链管理强调供应链上的核心企业组成的网链式的关系。而基于可持续性发展的供应链管理在传统供应链管理思想的基础上,重视其生产的系列活动对生态环境产生的后续影响,需要企业从原材料供给、加工、包装、销售、使用到最终的处理都做到减少废弃物的排放,降低对环境的破坏,实现经济效益和环境效益的综合可持续性发展。

（2）系统工程原则。由系统论的基本原理可知,供应链管理可以被视为一个系统,这个系统由生产活动的各个过程及其相关节点企业组成,各个组成部门之间是相互作用且相互依赖的,其所借助的工具为企业的各种信息流、物流和资金流,以此来从整体上综合考虑资源利用效率和环境效益,力求实现全过程的经济、社会、环境效益最大化。实行系统化的管理或是集成化,能发挥供应链上各节点企业功能集成化的效益,创造各主体所不具备的整体性功能。同时,系统工程原则需要在进行供应链管理时站在产品的全生命周期角度上,在最初的设计阶段就充分考虑对下游生产活动的影响和最终的材料回收与再利用问题。所以,以区域经济可持续发展为基础的油气矿区供应链管理,通过对企业内外部的动态控制和对各类资源的集成、优化来进一步提高管理水平和效率,形成和巩固市场优势。

（3）共生原则。人与自然和谐相处是人类社会发展的必然要求,任何经济系统的运行都需要遵循人类社会与自然共生的原则和规律。供应链上各个生产环节都涉及很多的系统,而这些系统是交织在一起的,并不是相互独立的,且每个系统都发挥着各自独特的作用,是不可替代的,同时这些系统之间存在着协同共生的关系。促进这些系统的协调发展和共生,能促进整个供应链的协调和可持续发展,提升供应链管理的效率。

2.4.1.2　油气矿区供应链的构建标准

供应链管理模式的思想是以供应链为基础的,能否充分发挥供应链管理的效用,供应链的构建和运行方式的选择是关键因素。一个运行良好的供应链不仅能够提高针对客户的服务水平、降低供应链上的总体库存,也能提高利润率,加快企业对市场的反应速度。供应链构建的效果可以运用供应链的构建标准来衡量,传统的构建标准有三种,分别是基于产品、成本、集成机制的供应链构建标准。

基于产品的供应链构建标准是以所生产的产品为中心建立的。供应链的核心是满足客户的需求,因此在构建供应链时应充分了解和调研客户对产品、服务的各种个性化要求,并对需求量和供应商的供给能力进行预测。不同类型的产品对供应链的设计要求是不同。其中,功能性产品主要用来满足顾客的基本需求,其需求量变化小且对产品个性化要求也少,因而此类商品的需求是稳定和可预测的,具有较长的寿命周期,但是能带来的边际利润也很低;一些革新性产品更新换代的速度很快,产品的寿命周期很短,并且一般根据客户的个性化需求定制,需求一般是不可预测的。因此,企业应根据其生产产品的具体特点来确定供应链的构建要求,从而更好地满足产品生产、企业管理的需求。

基于成本的供应链构建标准是以成本为中心建立起来的。此构建标准致力于降低企业的成本。此构建标准的运用首先是对企业的成本进行具体的划分,如运输成本、人员成本、物料成本等,对具体的成分进行分析,以探索如何构建供应链从而达到成本最优。在运用成本标准时应该考虑到,供应链的成本在升高的同时会带来利润、顾客满意度的大幅度提升,因此应在考虑企业全部效益的基础上实现成本最优,而非最小化。

基于集成机制的供应链构建标准强调供应链中信息所起的作用。现代供应链的核心是现代化的信息,此构建标准基于动态建模的理念,使组建过程及运行过程处于一种不断循环的状态之下。基于集成机制的供应链构建标准中涵盖了四种主要的建模方法,即基于信息流、过程优化、案例分析、商业规则的建模方法。此构建标准的关键是设计各种分析评价指标和模型。

本书所采用的是基于成本的供应链构建标准,以保证实现产品、服务等质量为前提,力求绝对降低整个供应链的成本水平。这里值得注意的是各企业在供应链中是相互关联的,每个参与生产的企业都是整个供应链体系中的一个环节。因此,需要从供应链上各个环节之间的关系和整个供应链的组成中找出降低成本、提高产品差异、增强竞争能力的方法,使企业、供应商以及顾客实现共赢。

2.4.2　基于区域经济可持续发展的油气矿区供应链设计

基于区域经济可持续发展的油气矿区供应链以系统观和整体观为指导理念,利用生态、利益相关思维把经济行为对环境和社会的影响锁定在设计阶段,使得经济活动过程中供应链内的物质流和能量流对环境和社会的危害达到最低,在追求经济效益的同时也追求社会效益和生态效益,目的是达到区域内人、自然和社会的"三赢",实现区域经济的可持续发展。

基于区域经济可持续发展的油气矿区供应链的具体结构如图 2.6 所示。

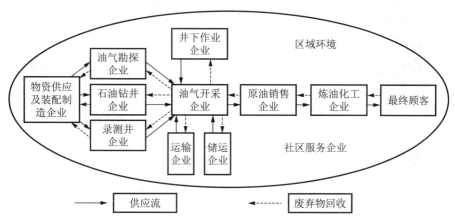

图 2.6　基于区域经济可持续发展的油气矿区供应链结构图

本书认为,基于区域经济可持续发展的油气矿区供应链包含核心供应链、延伸供应链和辅助供应链三部分。

核心供应链主要由油气开采企业组成,这是整个供应链的中心,其他供应链主要围绕油气开采企业来展开。供应链得以维持的核心力量是其核心企业的存在,核心企业是供应链的领导者,是各种规则的制定者。从石油行业的管理体制可以看出,油气开采企业对整个石油行业供应链有着核心作用,是油气产品形成的关键环节,另外它在拉动上游公司如勘探公司、录井公司、原材料供应公司、机械制造公司等发展的同时,也能够推动下游石油炼制公司、石油化工公司等的发展。因此,油气开采企业符合供应链中核心企业的特点,是石油行业供应链上的核心企业。

延伸供应链包括前向延伸的销售企业、炼化企业,后向延伸的勘探企业、钻井企业和录测井企业。其中,前向延伸的炼化企业主要从事石油的精深加工,主要产品包括成品油和乙烯、丙烯、石蜡等化工产品,以及油田驱油用助剂等石油化工产品。后向延伸的测井企业主要从事的工作是使用专用的测井仪器收集一些井下的数据,如自然电位、电阻、井径、声幅等,最终目标是更深入全面地了解井下的地质情况以及确定油气藏和油气水层的位置等;录井企业主要对钻井液带上来的岩屑进行清洗和滴照等工作,最终目标是收集各项资料并最终卡准油气层。

辅助供应链主要包括向核心企业提供工程服务的企业,包括井下作业企业、油气储运企业、运输企业、物资供应及装配制造企业。其中,井下作业企业的目标是经济高效地开采原油。油气开采过程中有时会对油井、水井等实施一些较为复杂的施工,这些施工称为井下作业,有时也称修井作业。石油物资供应企业是石油工业内部的物流企业,承担着采购、供应、管理物资的职能,为我国石油工业的发展提供保障。

因此,如图 2.6 所示,应该把基于区域经济可持续发展的油气矿区供应链视为一个"闭环回路",一方面供应链中上游企业的产品或服务可以作为有用的输入提供给下游企业,另一方面下游企业排放出的废弃物也可以在回收后被本企业或其他企业再利用,充分体现出可持续发展的理念,最终推进经济与环境协调发展。

第 3 章

油气矿区供应链成本构成变化对区域经济发展的影响

3.1 油气矿区供应链发展阶段及其构成变化

3.1.1 一般供应链发展阶段

一般供应链的发展阶段主要包括供应链组建初期、供应链成长期和供应链解体期三个阶段。

在供应链组建初期,企业利用自身内部条件和外部经营环境整合内外资源优势,寻找合作伙伴,进而构建供应链。核心企业还应根据实际情况,通过网络审查和实际调研,在短时间内联合有关合作伙伴组成虚拟供应链。在这个阶段,供应链各节点企业尚未对自身定位进行根本性定义,因而供应链业务流程缺乏整合和优化。在这一阶段,供应链上各个环节之间信息共享不充分,各成员之间的合作关系极为松散,整个供应链中的信息流、资金流和物流运作缺乏效率,从而影响供应链的管理建设,因此这一阶段所取得的数据也比较少。

在供应链成长期,随着供应链的发展,成员企业之间建立了更加成熟的合作关系,合作范围得到扩展,合作更加深入,供应链的利润分配与风险分担也通过不断的调整得以完善。供应链成本控制体系逐渐得到优化,供应链环境下的成本控制方法不断得到完善,从而为企业生产经营过程的顺利进行提供了更好的保障。在本阶段,供应链管理的优势也得到充分体现,如生产和流通成本显著降低,消费者满意度得到显著提高等。本阶段供应链健康发展的关键是信息共享、合作企业间的相互协调。

在供应链解体期,供应链合作伙伴要进行利益分配,利益分配应严格遵循约定的利益分配原则。同时,核心企业应带领合作伙伴对供应链所取得的绩效进行综合评价,总结经验、吸取教训,为组建新的供应链积累经验。当各方意见存在分歧时,可以通过平台提供的谈判板块进行协商。

3.1.2 油气矿区供应链发展阶段分析

基于区域经济可持续发展的理念,本书认为油气矿区供应链发展阶段除了应包括一般供应链发展阶段的组建期和成长期外,还应包括整合升级期。在这一时期,供应链成熟度不断提升,石油企业对供应链有了更深刻和更清晰的认识。随着前进的步伐,油气矿区供应链从无序到有序,从有序到连接,从连接到整合,从整合到外部延伸,供应链及其管理不断得到优化。在这个阶段,油田企业除了注意对有关制度、人才队伍、现代管理方法以及绩效考核体系方面进行建设外,还越来越重视集成化管理以及建立战略同盟。供应链上各企业通过建立战略同盟,可以有效降低油气开采成本和提高油气生产能力。油气矿区供应链通过组建、运行和整合升级,最终将整个供应链上的各个业务单位和生产过程整合为一个相互关联的有机整体,实现了高效率、低成本协同运作。

3.2 油气矿区供应链成本的界定及构成分析

3.2.1 油气矿区供应链成本的界定

供应链的运作所产生的支出和费用构成了供应链成本。然而,对于供应链成本的界定目前还存在争议。Handfield 和 Nichols(1999)认为供应链成本的定义包含两个方面,一是供应链伙伴之间的关系管理,二是产品及相关物资和信息的管理。Seuring(2001)利用直接成本与间接成本的传统划分以及作业成本法,对供应链成本进行了划分,将供应链成本划分为直接成本、作业成本和交易成本。Mclaren 等(2003)从合作供应链管理的角度将供应链成本分为两大类——合作的机会成本和系统所有权的总成本。其中,合作的机会成本包括变化关系成本和不稳定合作关系成本;系统所有权的总成本包括整合成本和系统执行成本。

国内学者在对供应链成本进行界定时,一般采用 Stefan Seuring 的定义,也有少数学者从其他角度对已有的概念做了进一步的整合。罗文兵和邓明君(2005)在借鉴 Stefan Seuring 观点的基础上,对其观点进行了创新研究,将供应链成本划分为直接成本、作业成本、交易成本和社会成本四个层次。纪作哲

（2001）认为供应链成本应该包括发生的一切劳动成本、运输成本、物料成本和其他变动成本。李秉祥和许丽（2005）认为供应链成本包括供应链管理成本、总运营成本和隐性成本三个层次。

本书借鉴了 Stefan Seuring 及罗文兵和邓明君的观点对供应链成本进行界定。Stefan Seuring 把供应链成本界定为直接成本、作业成本和交易成本三个层次。直接成本指生产单位产品所产生的成本，包括原材料、劳动力、零部件和机器成本等，这些成本是由原材料和劳动力的价格所决定的；作业成本指产品在生产和交付过程中所产生的成本，这些成本是由公司的组织结构产生的；交易成本指在处理供应商与客户信息及沟通过程中所产生的成本，这些成本主要源于公司与供应链上其他合作伙伴所进行的相互交流。

罗文兵和邓明君认为，从企业可持续发展和商业生态系统的角度来看，广义的供应链成本还应该包括社会成本。由于油气资源属于不可再生资源，油气产业的可持续发展必须以新增储量作为保证。油气产业依赖于矿藏资源，如地下、海底的油气，假若油气资源枯竭了，油气产业也就没有了。所以，对于油气生产国和油气企业来说，最关心的问题就是如何利用有限的油气资源创造最大的经济效益。此外，人与自然的和谐发展这一理念愈发被人们所提倡，"低碳经济"得到了前所未有的重视。顺应这一趋势，在可持续发展的理念下，油气矿区供应链除了需要考虑生产、交易外，还需要考虑环境污染、社会责任等。因此，本书认为油气矿区供应链成本除了应包括生产成本、物流成本、交易成本外，还应包括环境成本和社会责任成本，其中社会责任成本应该包括质量成本。

3.2.2　油气矿区供应链成本构成及其分析模板

正如以上所述，本书认为油气矿区供应链成本应包括生产成本、物流成本、交易成本、环境成本和社会责任成本五个方面，如表 3.1 所示。下面将分别对这些成本构成进行分析。

表 3.1　油气矿区供应链成本构成分析表

项　目	物资供应商			工程技术公司与装备制造企业			油气开采企业			炼化销售企业			用　户			合　计
	1	2	…	1	2	…	1	2	…	1	2	…	1	2	…	
一、生产成本																

项　目	物资供应商			工程技术公司与装备制造企业			油气开采企业			炼化销售企业			用　户			合　计
	1	2	…	1	2	…	1	2	…	1	2	…	1	2	…	
二、物流成本																
三、交易成本																
四、环境成本																
五、社会责任成本																
合　计																

3.2.2.1　供应链生产成本

供应链生产成本包括直接原材料消耗、设备折旧费、租赁费、自制零部件结转费和直接人工费等。其中,直接原材料消耗主要是指上游供应商所提供的石油半成品;直接人工费主要包括开发、炼制、生产、销售过程中的员工工资及福利。由于油气矿区供应链上各节点企业的工艺流程和生产经营内容不同,所以各企业所发生的成本费用存在很大差异性,这就需要对油气矿区供应链成员企业分别进行成本构成分析,最终得到整条供应链的生产成本发生状况信息。通常而言,供应链生产成本主要包括供应商、油气开采企业、集输企业等成员企业所发生的成本、费用。下面以油气开采企业和炼化企业为例,分别设计其成本构成分析表,如表 3.2 和表 3.3 所示。

表 3.2　油气开采企业生产成本构成分析表

成员企业	供应链生产成本													合计
	直接材料费	直接人工费		折旧与摊销	驱油物注入费	井下作业费	测井试井费	轻烃回收费	稠油热采费	油气处理费	修理费	制造费	其他	
		工资	职工福利											
油气开采企业														
合　计														

表 3.3　炼化企业生产成本构成分析表

成员企业	供应链生产成本												合计
	直接材料费		直接人工费		辅助材料费		燃料动力费				制造费	其他	
	原料	添加剂	工资	职工福利	催化剂	其他化工原料	燃料费	电费	水费	蒸汽费			
炼化企业													
合　计													

3.2.2.2　供应链物流成本

供应链物流成本是指为油气矿区供应链各成员企业提供物资、原油及成品油的运送、仓储等劳务成本。油气矿区供应链物流成本主要包括采购成本、仓储成本、运输成本和配送成本四个方面。物流服务要消耗一定的人力、物力和财力,相应地,高水平的物流服务也必然带来高水平的物流成本。在技术条件一定的情况下,企业物流很难做到在提高物流服务水平的同时降低物流成本。通常而言,提高物流服务水平必然造成物流成本的上升,两者之间存在着效益悖反,并且两者之间并非呈线性关系。为了保证在物流工作正常开展的基础上降低油气矿区供应链成本,本书在分析油气矿区供应链物流成本构成的基础上,有效地控制物流成本的投入和支出。油气矿区供应链成员企业物流成本构成分析如表 3.4 所示。

表 3.4　油气矿区供应链物流成本构成分析表

成员企业	供应链物流成本					合　计
	采购成本	仓储成本	运输成本	配送成本	其　他	
			输油输气费			
物资供应商						
工程技术公司与装备制造企业						
油气开采企业						
炼化销售企业						
用　户						
合　计						

3.2.2.3　供应链交易成本

（1）供应链交易成本的内涵。

交易成本是指在处理供应商与客户信息及沟通过程中所产生的成本。它主要包括交易前寻找供应源和客户的费用、广告费用、中介费用，交易中与供应源的洽谈成本和文本成本以及交易后保证契约履行的监督费用等。传统的供应链成员之间的关系是纯粹的交易关系，各方遵循的都是"单向有利"的原则，所考虑的主要是自身的利益，忽略了供应链上其他成员的利益。油气矿区企业分工的深化，加深了矿区内成员企业之间的依赖关系，因此如何降低交易成本成为成员企业十分关注的问题。具体做法是通过协调油气矿区供应链各成员间的关系，加强与合作伙伴的联系，对油气矿区供应链进行全局性优化，从而有效增强成员企业的竞争力，降低供应链整体的交易成本。

（2）供应链交易成本的构成。

油气矿区供应链的交易成本主要包括搜寻成本、谈判成本、签约成本、履约成本、信息成本等。交易前的成本主要是搜寻上游生产部门的费用，包括寻找供应商和订货商的费用、广告费用以及各种中介费用等。交易过程中的成本主要是谈判成本和签约成本，如与原油供应商谈判所耗费的时间成本、谈判过程中支出的住宿和餐饮等费用、订立合约的文本费等。交易完成后，为确保交易履行支出的契约监督执行费用主要发生的是履约成本，如由此引发的道德风险成本和诉讼成本等。油气矿区供应链交易成本构成分析如表3.5所示。

表3.5　油气矿区供应链交易成本构成分析表

成员企业	供应链交易成本						合　计
	搜寻成本	谈判成本	签约成本	履约成本	信息成本	其　他	
物资供应商							
工程技术公司与装备制造企业							
油气开采企业							
炼化销售企业							
用　户							
合　计							

3.2.2.4　供应链环境成本

（1）供应链环境成本的内涵。

环境成本是企业为治理环境污染所支付的成本，其本质是对一定区域内生态环境所承担的生产成本。油气矿区供应链的环境成本与通常意义上的环境成本有很大区别,这是由油气矿区供应链成员企业的行业特殊性所决定的。油气矿区供应链的环境成本主要包括油田弃置费和青苗补偿费等处理费用支出。充分考虑环境成本有利于对油气产品的真实成本进行准确的反映,也有利于从源头上解决环境问题,降低环境治理的社会总成本。

（2）供应链环境成本的构成。

本书依据油气矿区特点以及研究环境成本的目的和意义,将环境成本具体划分为五个部分,即环境维持成本、环境补偿成本、环境治理成本、环境发展成本和环境事业费。其中,环境维持成本是指为维持自然资源的现状,避免经济活动所造成的当前和未来的环境退化而承担的费用,主要包括与油气矿区环境监测有关的所有成本、人造资源的开支、与环境维护相关的技术研发成本、从事环境维护人员的工资及福利等费用;环境治理成本是指为消除和改善经济活动已经造成的环境污染和生态破坏而采取的措施所产生的费用,主要包括用于污染治理的固定资产的购置、建设、维修以及处理环境污染物的过程中对环境产生二次破坏的相关成本、技术研发成本等费用。油气矿区供应链环境成本构成分析如表 3.6 所示。

表 3.6　油气矿区供应链环境成本构成分析表

成员企业	供应链环境成本															合计
	环境维持成本				环境补偿成本			环境治理成本					环境发展成本	环境事业费	其他	
	油区维护费	设施运行费	绿化费	环境监测费	青苗补偿费	排污费	诉讼费	污染治理费	分摊弃置费	水土保持费	关系协调费	防治措施费	环境设备投资			
物资供应商																
工程技术公司与装备制造企业																
油气开采企业																
炼化销售企业																
用户																
合计																

3.2.2.5 供应链社会责任成本

（1）供应链社会责任成本的内涵。

在供应链中提升企业社会责任意识，一方面能够减少信誉风险，增加企业价值；另一方面也能帮助企业增加收入或者降低成本。如今，企业越来越关注日益凸显的社会和环境规制标准，这些标准为企业监督、调节和报告整个供应链中的社会和环境活动提供有效的政策指导。这是企业社会责任本质上的一项重要功能，也是创建和维持高效、透明的道德供应链的催化剂。

油气矿区供应链社会责任是指在开发石油天然气资源、实现利润的同时，油气矿区企业也承担对环境、员工、消费者和社区的社会责任，而履行这些义务和责任所耗费的劳动价值便构成社会责任成本，主要包括油气矿区企业为实现社会经济效益所消耗的资源或给社会带来的损失，即企业获取资源的成本和社会污染成本，也就是对社会带来外部经济和外部不经济所付出的成本。在实现可持续发展、构建和谐社会以及倡导低碳经济的新形势下，油气矿区企业要认真履行社会责任，为经济发展以及社会和谐做出更大的贡献。

（2）供应链社会责任成本的构成。

供应链社会责任成本包括自然资源耗用成本、人力资源成本、土地使用成本、质量成本等几个方面。自然资源耗用成本指的是成员企业因开采油气资源而向国家，即资源所有者缴纳的矿产资源补偿费，这是企业将资源作为生产要素而提供的货币形式的补偿。人力资源成本是指成员企业在人力资源的取得、开发、使用、保障和离职的全过程中发生的费用，包括取得成本、开发成本、使用成本、保险成本和离职成本等。土地使用成本是指成员企业因使用土地而产生的费用。质量成本是质量预防、检验费用和质量不符合要求而造成损失的综合。在成员企业生产活动中，产品质量既不是越高越好，也不是越低越好，而是需要在产品质量和成本间找到平衡点，这就需要通过一定的质量安全成本管理，使供应链成员企业在保证产品质量的前提下将成本降至最低，这对提高油气矿区的经济效益和企业的竞争力有重要的意义。油气矿区供应链社会责任成本构成分析如表 3.7 所示。

表 3.7 油气矿区供应链社会责任成本构成分析表

成员企业	供应链社会责任成本					合　计
	自然资源耗用成本	人力资源成本	土地使用成本	质量成本	其　他	
物资供应商						
工程技术公司与装备制造企业						

成员企业	供应链社会责任成本					合　计
	自然资源耗用成本	人力资源成本	土地使用成本	质量成本	其　他	
油气开采企业						
炼化销售企业						
用　户						
合　计						

综上所述,油气矿区供应链生产成本主要是指供应链各成员企业所发生的相关成本支出,包括油气开采企业发生的油气开采成本和油气炼化企业发生的炼油成本等。供应链物流成本主要包括采购成本、仓储成本、运输成本和配送成本。供应链交易成本包括搜寻成本、谈判成本、签约成本、履约成本和信息成本等。供应链环境成本包括环境维持成本、环境补偿成本、环境治理成本、环境发展成本和环境事业费等。供应链社会责任成本包括自然资源耗用成本、人力资源成本、土地使用成本、质量成本等。通过合理归集区分油气矿区供应链上的各项成本支出,明确油气矿区供应链成本构成,这是开展成本管理和控制工作的基础。

3.3　油气矿区供应链成本的核算流程和分配方法

3.3.1　油气矿区供应链成本核算目的与原则

3.3.1.1　油气矿区供应链成本核算目的

对于油气矿区供应链成本,核算的目的是给信息使用者提供与决策相关的会计信息,为企业内部管理活动提供支持,核算的频率与时间依照管理者的要求确定。

3.3.1.2　油气矿区供应链成本核算原则

要实现以上目的,供应链成本核算应遵循如下原则:

(1)共享性原则。共享性原则要求供应链中的加盟者拥有既各自独立又互相共享的核算系统,明确供应商与用户的成本与边际利润,能够实施网络化成本核算与管理。

(2)相关性原则。相关性原则要求在确认供应链成本时,所有与供应链相关的成本都包括在以活动为基础的成本分类中。

（3）时效性原则。考虑到供应链成本确定时独特的时间因素，在某些情况下，如果能够确定未来可能发生的某项成本与某一作业相关，可以考虑根据作业发生的时间进行成本分配。

（4）平衡性原则。平衡性原则要求实现系统成本最小化，获得最大化利润，同时实现用户的价值最大化和成本最小化，实现供应链成本和供应链产品服务水平之间的平衡。

3.3.2　油气矿区供应链成本核算流程设计

首先，构建油气矿区成本核算三级科目体系。在供应链成本核算体系设计过程中，进行账户设置至关重要。本书结合油气矿区供应链节点企业生产经营实际，并按照国家的相关规定，将供应链成本核算科目进行了三级划分，在"油气矿区供应链成本"下设置"生产成本""物流成本""交易成本""环境成本""社会责任成本"五个二级科目及对应的三级明细科目，具体如图3.1所示。

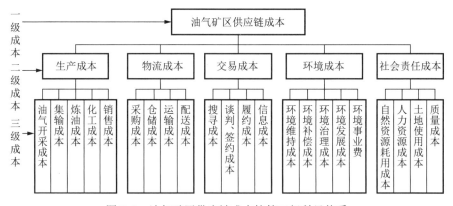

图 3.1　油气矿区供应链成本核算三级科目体系

油气矿区供应链成本核算科目的设置是接下来会计处理工作的基础性条件，供应链成本核算的内容和范围可以通过三级成本核算科目的设置得到全面反映，这对于实现进一步的成本结构分析与控制有重要意义，也是油气矿区供应链成本管理的重要内容。

其次，油气矿区供应链成本核算流程分析。油气矿区供应链成本核算将供应链上的各个节点企业作为成本核算的对象，对矿区供应链所归集的总成本在供应链的各个企业上进行科学分配，对每个节点企业的成本状况进行深入分析，这些企业具体包括供应商、油气开采企业、炼化销售企业等。对整条

油气矿区供应链进行准确的分析,对各节点企业成本进行精准的核算,可为优
化油气矿区供应链提供必要的线索,有利于有效降低供应链总成本。油气矿
区的优化需要供应链上的各种相关数据,而科学的成本核算流程将提供优化
供应链的相关数据,为供应链成本的科学管理提供良好的基础。

图 3.2 以油气开采企业为例,将其成本核算的流程通过图表的形式加以
展示。通过对发生的各项成本费用进行分析,按照其发生的性质归集到供应
链生产成本、供应链物流成本等成本项目中,得到供应链上油气开采企业的总
成本,为接下来油气矿区供应链成本分配提供数据基础。

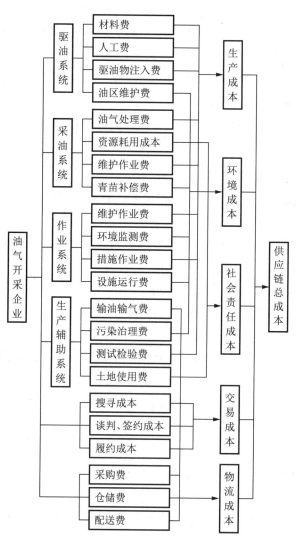

图 3.2　油气开采企业成本核算流程图

最后,油气矿区供应链成本核算应用会计处理。本书在供应链成本核算的相关理论基础上,结合会计准则要求和油气矿区供应链管理的现状,对成员企业的成本核算内容进行了全面考虑。

3.3.3   油气矿区供应链成本会计处理

以油气开采企业为例,按照油气矿区供应链的相应会计科目,制定油气矿区供应链成本的具体核算内容,将生产经营过程中发生的费用进行会计处理如下:

3.3.3.1   供应链生产成本

根据油气开采企业生产经营的具体要求,设置相应的成本项目:

·油气开采成本

在油气开采企业生产过程中发生的各种直接材料费支出,按照发生额编制如下会计分录:

借:供应链生产成本——油气开采成本——直接材料

　　贷:原材料

3.3.3.2   供应链物流成本

根据油气矿区供应链管理对物流成本的要求,设置相应的三级科目:

·采购成本

对于油气开采企业采购过程中发生的归属于材料采购的全部成本支出,会计分录如下:

借:供应链物流成本——采购成本

　　贷:银行存款

·运输成本

对于油气开采企业生产过程中运送产品或材料发生的全部费用支出,会计分录如下:

借:供应链物流成本——运输成本

　　贷:银行存款

3.3.3.3   供应链交易成本

根据油气矿区供应链交易成本要求,三级科目设置如下:

·搜寻成本

对于油气开采企业在为自身生产需要寻找供应商的过程中发生的人工费、差旅费等,会计分录如下:

借:供应链交易成本——搜寻成本

　　贷:现金——差旅费

• 谈判、签约成本

对于油气开采企业在与供应链相关企业进行合同谈判时发生的人工费、招待费等进行计量,会计分录如下:

借:供应链交易成本——谈判、签约成本

　　贷:应付职工薪酬

3.3.3.4　供应链环境成本

根据油气矿区供应链环境成本的构成内容,设置相应的三级科目:

• 环境维持成本

对于油气开采过程中为改善工艺流程、减少环境负荷等发生的环境费用,如新工艺的运行、设计等支出,根据实际发生费用额编制如下会计分录:

借:环境成本——环境维持成本

　　贷:银行存款(或环保专项存款)

• 环境补偿成本

对于使用可能造成污染的包装物或商品而由政府收取的押金等所支付的费用,以及油气开采企业缴纳的排污费、超标排污或污染事故罚款,编制会计分录如下:

借:环境成本——环境补偿成本

　　贷:银行存款

• 环境治理成本

对于环保设备的折旧费应按油气开采企业规定的折旧方法与折旧年限核算,会计分录如下:

借:环境成本——环境治理成本

　　贷:累计折旧——环保设备

3.3.3.5　供应链社会责任成本

根据油气矿区供应链的相关要求,设置相应的三级科目:

• 自然资源耗用成本

针对油气开采过程中自然资源耗用所发生的全部费用支出,会计科目分录如下:

借:供应链社会责任成本——自然资源耗用成本

　　贷:银行存款

3.3.4   油气矿区供应链成本核算方法选择及应用

3.3.4.1   作业成本法选择

作业成本法是在资源和产品之间引入一个中介——作业,将间接费用分配到作业、产品、服务、生产过程以及顾客中的一种成本计算方法。它以作业为核心对象,引入成本动因,并通过成本动因来确认和计量作业,最终以作业量来分配间接费用。

作业成本法的基本思想是"产品消耗作业,作业消耗资源",如图3.3所示。根据在企业资源流动中所处的位置,作业动因可分为资源成本动因和作业成本动因。资源成本动因分析的过程正是判断作业消耗资源必要性、合理性的过程,即评价作业有效性的过程。作业成本动因主要是站在作业成本管理的角度,研究对成本结构和成本形成产生影响的成本驱动因素。

图3.3   作业成本法概念模型

作业成本法的基本程序可以概括为五个步骤:① 选择成本基础,确定主要作业,明确作业中心;② 将各作业的投入成本或资源归集到每一个作业中心的成本库中;③ 分析并选择适当的成本动因;④ 将汇集到成本库的间接费用按确定的成本动因及追踪的资源标准分配到各项产品中去;⑤ 计算每一个产品的作业成本。

作业成本计算与之前成本计算的不同之处主要体现在间接费用和直接人工按作业进行计算和分配上。这种计算方法不仅能够合理地分配各种制造费用,合理地进行资源配置,而且可以不断改进作业方式,有效地支持和控制供应链战略,所以作业成本法是适宜于油气矿区供应链成本管理的成本计算方法。

3.3.4.2   作业成本法在油气矿区供应链成本核算中的应用分析

本书运用作业成本法的思想对油气矿区供应链成本进行分析,对于核心企业与其他节点企业之间的交互活动所发生的成本也采用作业成本法进行核算,沿着价值增值的作业路径,将各个节点企业的成本分配到整条供应链的作业上。将作业成本法引入油气矿区供应链成本核算,主要步骤可分为以下三个方面:

首先,对油气矿区供应链上的主要作业进行识别和定义,合理划分作业中心。根据重要性原则,详细分析对顾客价值和目标成本的实现有重要作用的节点企业,对细小的企业进行归类。确认主要作业后,为了便于分析,将相关性和同质性强的作业归类,统一划分到同一个作业中心。本书中的油气矿区供应链可作为一条完整的作业链,各节点企业作为一项作业中心。根据油气矿区供应链各节点企业的作业层次特性,可以将作业分为两类:① 成员企业专属作业。专属作业是指为某种特定产品或劳务提供专门服务的作业,以油气开采企业为例,采油系统发生的相关作业,如驱油作业、采油作业等就是其专属作业。② 共同消耗作业。共同消耗作业是指同时为多种产品或劳务提供服务的作业,以油气开采企业为例,交易活动主要是与供应链上两个关联企业共同发生,这就需要对成本费用进行归集和分配。在进行成本管理时,为了清晰地核算出哪些节点企业之间的交易成本过高,本书把油气矿区供应链上各个节点企业之间的活动划分为单独的作业和作业中心,其成本动因也细分到各个相对应的外部企业。

其次,确认并选择油气矿区供应链资源成本动因,以资源成本动因为依据,将资源耗费所产生的成本分配到具体的作业中心,形成作业成本库。所谓作业成本库,指的是可以用一项成本动因解释成本变动的某些作业的集合。作业成本库由一些同质的作业成本归集到一起而形成。企业各项资源被确认后,要为每类资源设立资源库,并将一定会计期间的资源耗费归集到各自相应的资源库中。例如,供应链上的油气开采企业可具体划分为驱油系统、采油系统、作业系统等,根据其发生的具体业务,明确具体的资源消耗内容,如电费、水费、人工费等,并形成油气矿区供应链上油气开采企业的作业成本库,为费用的下一步分配建立基础。

最后,选择合适的作业成本动因,把各个作业中心所归集的成本按照相应的成本动因分配至各个产品。油气矿区供应链一项作业的成本动因通常不止一个,主要包括人工小时、注水量、机器小时、泵台数、水井数、灌数、计量站、产液量、管线长度等。因此,在计算成本分配率时就需要选择比较容易量化且与作业实际消耗资源相关程度较高的作业成本动因作为基准。在油气矿区供应链成本管理过程中,各节点企业按照作业成本法的思想将作业成本库中的成本合理分配到产品中,有利于对成本进行准确核算,进而对产品进行合理的定价,优化产品成本结构,对促进油气矿区供应链节点企业的发展起到积极作用。

通过对油气矿区供应链总成本的归集,结合作业成本法的思想,实现了对供应链总成本的二次分配,得到了各个节点企业的成本结构状况,在与节点企业实际归集所产生成本进行对比的过程中,发现存在的问题,对优化矿区供应链成本结构具有重要的作用。

3.4 油气矿区供应链价值增值表现形式分析

3.4.1 基于绩效评价理论的油气矿区供应链价值增值分析

3.4.1.1 绩效评价理论的引入

绩效是对个人和组织行为进行考评并产生结果的一个系统。绩是指成绩,效是指效果,绩效也就是对一个行为产生的成绩和效果进行的总评。绩效评价是指采用特定的指标体系,运用一定的技术方法,以统一的评价标准为基础,按照一定的程序,通过定量、定性对比分析,对企业的业绩做出客观、真实的综合评价,反映企业现实情况,预测未来发展前景的管理控制系统。

要判断油气矿区供应链的价值增值与否,就必须对整个供应链的运营情况和未来的发展做出必要的度量,并根据度量的结果对油气矿区供应链进行整体的绩效评价。绩效评价有助于供应链上中下游企业发现问题、解决问题并尽可能减少供应链总成本,从而最终实现供应链价值的增值。

总之,供应链绩效评价是分析油气矿区价值增值的前提,是对供应链节点企业之间的运营关系和供应链的整体运营状况进行评价的过程。供应链绩效评价不仅可以获知企业或供应链的运营状况,而且能优化企业或供应链的业务流程,为供应链管理体系的优化提供依据。

3.4.1.2 供应链绩效评价的内容

在进行绩效评价时,以企业为分界点,一般将评价内容分为内部绩效评价、外部绩效评价和供应链整体绩效评价三个部分。内部绩效评价主要是对供应链上的企业内部绩效进行评价,常用的评价指标有成本、生产率、良好的质量等。外部绩效评价指的是对供应链上企业之间的运行状况进行评价,常用的评价指标有最佳实施基准和用户满意度。供应链整体绩效评价是对供应链整体利益进行评价,不以单个企业为评价对象,主要包括成本、资产、顾客服务等几个方面的评价指标。供应链绩效评价借助指标值来表示,评价结果可以用来进行供应链自身的纵向对比,通过评价结果逐步找出问题,进而进行全面整改;也可以与其他供应链进行横向对比,找出自身和其他企业的差距,从而改进生产能力和管理水平,重新整合供应链,增加竞争优势。

油气矿区供应链绩效评价是一个多目标问题,即单纯从技术上与经济上都不能充分评价油田企业经营的好坏与竞争实力的强弱,只有建立将各项指标汇总起来的绩效评价指标体系,才能对油气矿区进行客观、全面和真实的评价。油气矿区供应链绩效评价指标体系的建立应从供应链的整体战略出发,寻求财务与非财务的绩效度量之间、短期与长期的目标之间以及内部与外部的绩效之间的平衡状态。

油气矿区供应链不同于其他企业供应链,其内容比现行的企业评价指标更广泛,需要对整个供应链的整体运营情况进行考察,从而测定供应链的上游企业是否可以及时满足下游企业的需求。油气矿区供应链绩效评价指标体系应该涵盖财务价值、绿色供应链业务流程、客户服务、绿色环保、创新发展和供应链系统柔性六个方面。

3.4.1.3　油气矿区供应链价值增值表现形式

(1)基于用户价值的供应链价值增值表现。

基于用户价值的供应链价值增值就是通过有效协调供应链成员企业来增加最终顾客满意度,最终目标是增加或创造供应链的价值,这也是拉动供应链流程运转的起点。用户价值提升的实质是用户获得超出他们承担的产品价格以上的那部分"价值",供应链可以通过增加这部分"价值"来实现用户价值的提升。因此,供应链一方面可以通过加强企业之间的协作,降低成本,以更低的价格向顾客提供优质产品;另一方面,可以通过及时把握顾客需求的变化方向和发展动向,适时开发出能够满足顾客需求的产品,提供令顾客满意的服务。

(2)基于成本分析的供应链价值增值表现。

基于成本分析的供应链价值增值就是通过成本分析来选择供应链的节点,找出最佳的节点企业组合,使构建的供应链达到成本最低。供应链成本分析与传统企业的成本分析有所不同,供应链成本分析包括供应链节点企业的成本分析和节点企业之间供应链上的成本分析,而节点企业之间的成本如交易成本、物流成本等,是成本分析的重要部分。基于成本分析的供应链价值增值的基本内容是作业优化、关系协调,其核心是在给定时间周期内计算所有节点组合的供应链总成本,从中选择最低成本的节点企业组合,构建供应链。

(3)基于时间管理的供应链价值增值表现。

以时间为基础的竞争战略以减少完成各项活动所需要的时间为中心,这些活动包括开发与提供新产品或服务、对顾客需求变化的把握和反映、交付产品或提供服务等,通过提升技术手段,减少在各项活动中的时间消耗,可以有效降低成本,提高生产率与产品质量,改进服务水平。在协助企业管理、生产、销售、分销、新产品开发等方面,时间成为竞争优势的关键,时间手段是竞争优势最有利的新来源。以时间为基础的竞争优势的特点在于:有比竞争者用更短的时间开发产品与服务的能力,有比竞争者用更短的时间提供产品与服务的能力,有比竞争者更有效地减少内部提前期的能力。

3.4.2 成本视角的油气矿区供应链价值增值表现

3.4.2.1 选择成本视角的油气矿区供应链的理由

供应链上存在一条与价值活动相对应的"成本链",成本作为价值活动的消耗指标,表现为一种"负增值"形式。供应链成本分析的目的就是要对价值链上的"成本链"进行分析,找出不增值的作业,减少"负增值"额。在油气矿区供应链中,经过上游企业的勘探、开发等一系列前期准备活动,再由油气开采企业将石油、天然气等开采出来,然后经过供应链上的下游企业销售给顾客,每一过程在价值增值的同时也伴随着成本的产生。图3.4描述了在供应链的每个阶段供应链价值增值和成本产生的过程,图中直线表示成本,折线表示价值。从图中可以看出,供应链既是一条价值链也是一条成本链,一些作业会给企业带来价值的增加,一些作业只会带来成本的增加。成本从油气资源的勘探、开发到最终销售给顾客一直都在发生,在销售之后也会发生返修成本,甚至由于产品的设计或其他原因还会导致严重的社会成本,然而在供应链成本的研究中成本却一直被人们忽视。

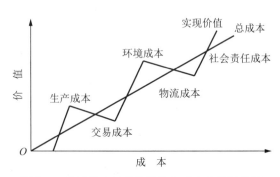

图3.4 矿区供应链价值增值和成本产生过程图

供应链是一个不断增值的过程,其增值形成于流程、形成于作业。为实现某一具体目标相互关联的一系列作业构成某个流程,所有的业务流程便构成了供应链。供应链上各节点企业通过参与供应链上某些流程创造了这部分流程的增值,而这部分流程的增值额在供应链总体增值中所占的比例就是此节点对整个供应链的贡献度。为了确定流程对企业整体价值的贡献,我们可以采取与外部独立活动对比的方法,但是通过与外部独立活动对比的方法来确定流程对整个企业价值的贡献度,只能分析出"增值"的作业有哪些、"不增值"的作业有哪些。为了提高整个供应链的价值,必须要进一步判断各项作业所创造的"增值"空间。

3.4.2.2　成本视角油气矿区供应链价值增值的具体做法

整合供应链就必须对供应链管理进行彻底革新。在供应链管理模式下,竞争并不限于单个企业之间的竞争,而是上升到了企业所处供应链之间的竞争。有竞争力的供应链不仅要提供优质的产品和服务,还要控制产品和服务的成本,以最合理的价格进入市场。因此,产品成本控制模式就不能局限于企业内部的成本控制问题,而是从产品的原材料供应直至最终销售到顾客手中都贯穿着成本控制的思想,从全过程控制成本。从物流的角度来看,供应链经过上游勘探企业的勘探、开发等前期准备活动,再由油气开采企业将油气资源开采出来,最后经过供应链上的下游企业将石油、天然气销售给顾客,其中的每一个过程都会带来一定的价值增值。从信息流的角度看,各节点企业通过信息共享,可降低供应链的运营成本,进而增加整个供应链的价值。供应链的成本管理应体现供应链的价值增值水平,即"价值增值＝用户价值－用户成本",因此价值增值的主要途径在于控制用户成本和提升用户价值。

用户成本控制是油气矿区价值增值的表现形式之一,但控制成本并不是单纯地为了降低成本,用户成本的降低应从整个供应链的角度考虑,即"用户成本＝直接成本＋交易成本＋环境成本＋物流成本＋社会责任成本"。用户成本控制不仅仅是强调降低购买价格,还应该强调降低供应过程其他方面的成本,对总的供应链成本、总的分销成本、总的后勤成本进行控制是供应链管理的首要目标。供应链管理的最终目的是提供顾客满意的产品,提高顾客的满意度,为了实现这一目标,不能以牺牲顾客的利益为代价来降低成本。另外,还要考虑成本的降低是否以降低市场价格为代价,是否以减少最终销售量为代价。因此,企业要在成本(C)、价格(P)、销售量(Q)三方面进行权衡,形成满意的"CPQ"组合策略。

随着油气开采程度的不断加深和国际油价的持续波动,油气开采难度越来越大,从油气开采企业内部寻求价值增值的空间越来越小,当前石油行业的竞争也逐渐演化成供应链的竞争,企业的核心竞争力来源于企业内部的整体实力和企业在供应链上的竞争地位。因此,油气矿区也需要通过优化供应链来达到提升竞争力和实现价值增值的目的。

油气矿区供应链本身就是一条"价值链",在供应链上存在许多服务单位和节点企业,这些节点企业随着供应链的发展关系更加密切,其通过深化合作实现价值增值,最终达到供应链总成本的最小化和总体价值的最大化。石油石化企业重组改制改变了原来石油管理体制下环节间各自为政的局面,一体化的经营更加强调石油产品生产、加工、销售等环节的密切配合与协作,这种新型的经营管理模式为油气矿区开展供应链管理提供了条件。

3.4.2.3　国外石油企业可持续发展与供应链价值增值

石油资源作为战略性资源,其重要作用目前难以替代,国际石油企业的竞争将更加激烈。为了应对日益激烈的市场竞争,石油企业需要提升国际竞争力,需要立足于自身特点和国情,快速地响应市场、满足客户的需求、降低油气产品的成本、提高产品的质量、加强油气产品形成过程中各个环节之间的联系与合作。目前,建立面向全球的石油行业供应链体系已经成为一种趋势,世界各大石油公司纷纷通过企业兼并重组与联营,强强联合,优势互补,提升国际竞争力。例如,沙特阿拉伯石油公司在美国与壳牌联合渗透到下游领域;有些大型石油企业将非核心业务进行战略性外包,包括钻井、油井服务、地震数据获取和处理等,达到集中企业资源打造核心竞争力的目的。这些措施都旨在通过石油企业供应链管理来达到价值增值的目的。然而,我国初步形成的以三大石油集团为核心的石油供应链体系虽然在一定程度上提高了企业的国际竞争力,但仍有一定的局限性。各集团都是由各地"大而全,小而全"的中小石油公司组建而来,规模庞大、机构臃肿、组织效率低下、重复建设问题严重,而且跨区经营,受当地政府和集团公司影响比较大,子公司经营目标不一致现象时有发生。在这种情况下,油气产品成本控制的效果十分有限,竞争力也没有实质大幅度的提升。

成本管理的主要活动包括成本规划、行动实施、成本控制和成本绩效评价等子活动,这些活动构成了成本管理系统的第一个方面或子系统。由于成本管理活动都与增值过程中的特定对象有关,因此目标构成了成本管理系统的第二个方面。对象指向资源、流程和产品,也就是增值过程的投入、增值过程本身和增值过程的产出,相应地可以将成本管理分为资源导向型、流程导向型和产品导向型。最后,成本管理方法构成成本管理系统的第三个方面,如作业成本法、目标成本法和价值工程法等方法及工具均为组织成本管理活动并提供成本数据提供了帮助。

　　成本管理作为供应链管理的主要组成部分,是供应链企业获取竞争优势的主要来源之一。降低供应链成本、满足顾客的需要、创造和传递顾客价值是供应链运行的最终目的,因此企业应该大力削减那些不创造价值的活动。

3.5　油气矿区供应链成本构成变化与区域经济发展的关系

3.5.1　油气矿区供应链的发展带动成本构成的变化

　　随着石油企业的发展和产业升级,油气矿区供应链也相应地向更高层次发展。首先,油气矿区供应链成员企业发生变化,企业规模不断扩大,集成化水平不断提高;其次,油气矿区供应链价值发生变化,智力资本提升,这就带动成本联动变化。供应链向着集成化供应链整合发展的趋势,使得原来不计入供应链成本的环境成本、社会责任成本内部化。

　　在区域经济的生态和高效发展的要求下,传统的单纯追求经济增长、忽视生态环境保护的发展方式已经不再适应新的发展需要,新的发展模式要保护人类赖以生存的土地、大气、淡水等自然资源不受污染和肆意侵害,积极治理以及恢复已遭到破坏和污染的环境。这就使油气矿区供应链成本发生变化,在之前只包括生产成本、交易成本、物流成本的基础上又增加了环境成本和社会责任成本。其中,环境成本是油气矿区在整个循环过程中为污染环境而付出的成本,进一步说就是将由政府和社会公众承担的大量外部环境成本转变为由污染企业承担的内部成本,主要包括油田弃置费和青苗补偿费等。油气企业应充分考虑环境成本,这有利于反映油气产品的真实成本,并从源头上解决环境问题。社会责任成本是指油气企业在实现社会经济业务的同时所消耗的资源,即给社会造成外部经济和外部不经济所付出的成本,主要包括资源勘探成本和资源消耗成本等。

3.5.2　加强环境成本与社会责任成本管理是区域经济可持续发展的要求

　　把环境成本和社会责任成本计入油气矿区供应链成本有其必然性。首先,重视环境成本和社会责任成本并提供相对准确的数据是“绿色 GDP(国内生产总值)”核算的重要基础,也是我国实现社会和经济可持续发展的必然要求。可持续发展是世界各国政府的一致选择,在可持续发展战略下,现存的国民经济核算体系和 GDP 统计核算方法需要修正,而修正后的"绿色 GDP"的计算和核算又需要以企业环境成本、企业环境收益、社会效益为基础。其次,对油气行业环境成本计量问题进行研究,可以引起油气企业以及相关行业对环境问题的重视,是加强企业社会责任的必然要求。油气行业在国民经济发展中起到了越来越重要的作用,加强油气企业对环境成本的重视也有利于促进国民经济发展与环境相协调,而且这也是油气企业的责任向社会扩展的必然结果和提高油气企业国际竞争力的必要手段。最后,研究有效的环境成本计量方法有助于完善企业环境成本核算制度,并使不同的企业财务信息具有可比性。油气在勘探、生产、加工、运输、销售等过程中都会对环境造成一定程度的影响,然而这一系列过程中对环境所产生的影响难以用货币的形式有效计量,因此运用有效的方法解决环境成本计量问题是关键。此外,建立统一的环境成本计量与核算体系,也有助于增强不同企业财务信息的可比性。因此,狭义的油气矿区供应链成本已经不能满足区域经济发展的高效与生态的要求,环境成本与社会责任成本是油气矿区供应链成本中必不可少的一部分。

近年来,科学发展观已经深入人心。油气企业越来越意识到环境成本与社会责任成本的重要性。从可持续发展的角度来看,企业为了生存和发展必须不断地从自然环境中取得资源,又要不断地把废物排放到大自然中去。因此,企业为了能持久生存和发展,必须增强自己的环保意识,加大环境投入,细化环保投入和产出的计量。另外,还必须要计量取得的环境资源、应负的环保责任和发生的环境费用,即要对环境成本内部化、量化,这样才能真实反映企业的成本,为管理者提供真实可靠的信息。为了保证经济、社会、自然环境的和谐发展,油气企业在追求经济利益的同时,还必须承担社会责任,考虑企业的整个生产经营过程对环境的污染,如何对环境污染进行治理、如何保护环境等多个目标,这也要求油气企业进一步向社会扩展,承担更多的社会责任。

虽然与环境和社会责任有关的部分经济活动已经在传统的供应链中有所考虑,但是过去只是着眼于经济效益,并未能真正考虑到环境和社会的因素。本书建立的油气矿区供应链将弥补这一缺憾。确立环境成本和社会责任成本有助于更真实地反映油气产品的成本,有利于油气企业从源头上重视环境成本,进而降低环境治理的社会总成本,有利于油气企业更好地做好预算,增强竞争力,同时也使油气企业提高了对环境的保护意识,提升了企业的社会责任感,实现了企业效益和社会效益的优化,促进了油气矿区的和谐和稳定。

但是,油气企业社会责任成本与环境成本的构成直接影响企业所负担的成本总额,进而会影响到企业的整体发展。能源是国家的命脉,石油和天然气是为社会创造财富的主要动力,如果让企业承担起所有的相关环境成本和社会责任成本,势必会对部分企业的经营造成巨大影响,甚至会给它们的经营造成困难。因此,环境成本和社会责任成本应该由社会和企业一起来承担,为了保证社会的其他能力不被减弱,企业应在能力范围内尽可能多地承担起环境成本和社会责任成本。

第 4 章

油气矿区供应链环境成本内部化
与区域经济发展的互动关系

长期以来,以油气矿区为核心的资源型城市在发展中存在着过度重视经济效益,轻视社会效益和环境效益的现象,在资源开发与利用中,未能深入贯彻生态经济和循环经济的理念,造成了突出的环境问题。而资源型城市在其所处的经济区域发展中往往具有举足轻重的作用,这就造成了为追求区域经济发展而对资源的过度开采。因此,对油气矿区供应链环境成本内部化实施的潜在原因进行探索,探寻其实现机理及传导机制,并对环境成本内部化后的投资效果进行分析,对于实现油气矿区的可持续发展,实现资源型城市转型以及拉动区域经济发展具有重要意义。

4.1 实施油气矿区供应链环境成本内部化的必要性

从短期来看,实施油气矿区供应链环境成本内部化有利于改善矿区环境、提升对矿区资源的开发效率、减少政府环境治理支出、改善矿区居民生活环境;从长期来看,有利于提升矿区供应链成员企业的企业形象、提高成员企业竞争力、实现油气矿区与区域经济的可持续发展。实施油气矿区供应链环境成本内部化是油气矿区可持续发展的必然选择,同时也是相关利益者价值最大化的必然要求和合理确定油气成本的必要措施。

4.1.1 油气矿区可持续发展的必然选择

油气矿区供应链系统由油气矿区内的油气开采、炼化、集输、销售等企业组成,油气开采过程直接作用于油气矿区内的自然资源系统,是油气矿区供应链的核心,油气开采中是否将环境成本内部化纳入决策范畴会对其产量的确定产生重要影响,进而影响到油气矿区能否实现可持续发展。因此,本章将以油气开采过程为例说明油气矿区环境成本内部化的必要性。油气资源属稀缺资源,油气市场属于政策型寡头垄断的市场类型,在该类型的市场下,油气价格在较长的时间段内受资源状况、地缘政治、产油国政策等因素影响较大,价格波动较大。但是结合我国油气资源定价机制的特点,可以假设一定时间段内的油气资源价格是不变的,因此只要开采油气资源的边际成本小于其边际收益(也就是价格),即 $MPC < P^*$,就会使油气开采企业有利可得。为了获得更多的经济利益,企业会做出进一步开采资源的决策。

由图4.1可以看出,在存在外部化环境成本的情况下,油气开采企业依据经济效益最大化和边际成本等于边际收益($MPC = P^*$)的原则,做出开采 Q_p^* 油气资源的决策。然而该决策忽视了环境成本问题,实际上由于油气开采企业未承担由开采活动所产生的大部分外部环境成本以及已承担的外部环境成本未完全纳入会计核算体系等原因,油气开采企业的边际成本 MPC 小于社会的边际成本 MSC,油气开采企业根据 $MPC = P^*$ 做出的开采量决策 Q_p^* 大于社会资源最优配置时的开采量 Q_s^*。这样做造成了资源配置的低效率,资源被过度开采,最终结果是导致油气矿区内资源的竭泽而渔式开采,既未实现油气资源的合理利用又损害了后代人利用资源的权利,未能实现油气资源的可持续开采,影响油气矿区的可持续发展。

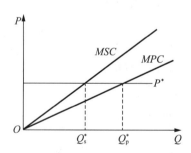

图4.1　环境成本外部化对企业生产决策的影响

4.1.2　相关利益者价值最大化的必然要求

在缺乏有效的政府监管的情况下,油气矿区成员企业以经济效益最大化为决策原则,在由成员企业 A 与成员企业 B 两个博弈方参与的博弈中,都有实施环境成本内部化与不实施环境成本内部化两个策略选择。不实施环境成本内部化即保持企业现有的经营状态,其收益分别为 S_A 和 S_B;实施环境成本内部化,其收益分别为 S_A^* 和 S_B^*。由于一定时期内的原油价格保持不变,而实施环境成本内部化要增加一部分初始投资以及运营成本,同时内部化投资对于减少污染、改善环境的效果可能要在一定时间后才能体现,所以在相当长一段时间内 $S_A^* < S_A$,$S_B^* < S_B$。在缺乏政府监管的情况下,以追求经济利益最大化为原则,油气开采企业将做出不进行环境成本内部化的决策,则博弈的纳什均衡解为(不实施环境成本内部化,不实施环境成本内部化),博弈的结果陷入了"囚徒困境"。缺乏政府监管的企业环境成本内部化博弈如表 4.1 所示。

表 4.1 经济利益最大化价值诉求下企业环境成本内部化博弈

成员企业 A	成员企业 B	
	实施环境成本内部化	不实施环境成本内部化
实施环境成本内部化	(S_A^*, S_B^*)	(S_A^*, S_B)
不实施环境成本内部化	(S_A, S_B^*)	(S_A, S_B)

通过上述分析可知,经济利益最大化价值诉求下成员企业没有实施环境成本内部化的动力。但成员企业的生产经营受到外部相关利益者的影响,涉及企业环境成本内部化投资决策的问题,这里所指的外部相关利益者主要是政府及消费者。在上述外部相关利益者(政府、消费者)价值最大化的情况下,政府作为监管者和外部环境成本的承担者,要求企业履行承担社会责任的义务,对污染行为负责,同时消费者也希望享受到清洁能源和洁净的生活环境。因此,在政府和社会公众的共同监督下,考虑到相关利益者价值最大化的诉求,成员企业作为社会经济活动的主体,必须要满足政府监管的要求和社会公众对环保的需求,只有在满足外部相关利益者利益最大化的基础上,成员企业才有可能真正实现内部相关利益者价值的最大化。综上所述,实现相关利益者价值最大化要求油气矿区内成员企业实施环境成本内部化。

4.1.3 合理确定油气成本的必要措施

目前,大多数油气矿区企业并没有建立完善的环境成本确认与计量制度。多数企业也仅仅是对生产过程中的环境成本费用支出(如排污费、绿化费)进行计量和控制,而对油气开采、集输、炼化、加工等过程中产生的环境污染及生态破坏问题并未考虑和重视。这种现象也与我国环境会计制度发展的相对滞后有关。同时,由于分阶段核算成本是石油天然气会计准则的核心,这又造成处于分阶段核算衔接处的部分环境成本费用支出无法合理确认及计量的问题。上述原因的存在导致油气价格不能完全反映其真实的成本信息。

在存在外部性的情况下,油气开采企业所承担的环境成本远远低于其对环境所产生的实际影响,目前的油气成本 C 实际上未包含政府和社会公众为去除油气矿区企业生产环境污染的影响以及恢复对生态系统造成的破坏而支付的环境成本 ΔC,油气成本核算的不健全使企业容易做出透支环境资源的决策。新古典经济学认为价格不能完全体现环境成本而引起的市场失灵造成环境恶化,而环境成本内部化是解决环境问题的关键。油气矿区中的各种企业作为资源的主要使用者,应该根据环境价值理论的原理,将生产过程中的环境成本纳入会计核算体系,核算总成本,以实施环境成本内部化,这也是合理确定油气成本的必要措施。

4.2　油气矿区供应链环境成本内部化的实现机理与传导机制

油气矿区内企业涵盖了油气生产直至销售过程这一整条供应链上的所有企业,供应链上单个企业的环境成本内部化行为将对供应链上的其他企业产生影响,因此将单个企业的环境成本内部化延伸到整个油气矿区供应链上,对实现油气矿区的环境成本内部化具有重要作用。油气矿区供应链环境成本内部化在油气矿区供应链企业间不断博弈的过程中实现,建立企业间的协同补偿机制有利于实现油气矿区供应链的环境成本内部化。企业间的协同补偿机制推动供应链上的企业在不断协同的过程中改进供应链环境成本内部化的实施效果,直至实现帕累托最优。

4.2.1　各相关利益群体环境价值诉求差异识别

油气矿区供应链环境成本内部化的过程中涉及的相关利益群体众多,为分析方便,本书仅就中央政府、地方政府、油气矿区供应链系统内的企业群体以及社会公众进行分析。通过对其环境价值诉求差异的识别,构建博弈矩阵,通过博弈分析明晰油气矿区供应链环境成本内部化的实现过程机理。

4.2.1.1　企业价值诉求的个体行为

基于企业具有逐利的本性的假设,如果某一区域内的某一家企业不进行环保投资而未受到政府的监管,则该区域内的其他企业受自利因素的驱使,也会选择不进行环保投资。最终将造成全部企业尽力寻找政府监管的薄弱环节,减少环保投资方面的投入,或者基于共同利益向地方政府寻求保护,加大地方政府的保护力度,长此以往必然导致环境资源破坏、环境问题日益严重。目前,企业在环境保护方面缺乏足够的责任意识,未能履行好社会责任,盲目追求短期利益,忽视长远发展,在环境保护方面的投资缺乏主动性。

4.2.1.2　地方政府政绩及利益的追求

地方政府扮演双重角色,是中央政府和企业的连接者。地方政府一方面要监管当地企业在环境方面的投资和污染排放,另一方面要追求地方 GDP 和官员政绩等。在这种情况下,其"利己性"的"经济人"行为表现得尤为显著。地方政府在如何实现本地区利益最大化和提高官员政绩方面做出了更多的考量,地方政府利益指标包括地方 GDP、经济收入、就业、医疗、教育、环境、交通等。地方政府在利己的同时追求公平,更多考虑社会公众利益,这在一定程度上也是地方官员追求政绩的表现,目的是获得群众的支持。所以,地方政府在决策时一般会采取低成本、高收益的策略,其次也会选择利益最大、政绩最大、职位最高的策略。这样,地方政府监管机制无法实现预期的效果,容易滋生腐败问题,影响其独立的经济利益,并因此波及企业环境投资等行为。

4.2.1.3　中央政府领导控制的作用

同样,中央政府也遵循"利己性"的"经济人"假设,但与地方政府相比,其自利性的表现不是非常显著,因而呈现出"弱经济人"特点,这取决于社会公众利益,与其所处的职能地位有关。在这种情况下,中央政府能够基于全局、长远角度,促进地方政府和企业的环境投资并实施更加有效的环境保护政策。另外,中央政府在领导和监督方面发挥重要的作用,通过颁布环境方面的制度条例来约束环境污染行为,进行有效的环境保护。

4.2.1.4　社会公众的行为导向

社会公众处于弱势地位,受环境污染造成的不良影响、非环保类产品价格高低的影响。但是社会公众往往追求个人满足感,即效用最大化,在行为偏好方面对企业会产生一定的影响,甚至影响企业的决策行为。同时,社会公众作为环境投资的监督者,对于企业造成的环境污染和破坏公众生活环境的不良行为有权利通过法律手段和舆论监督的力量来加以约束。

4.2.2　油气矿区供应链环境成本内部化的实现机理

发达国家和地区,如欧洲、美国等,对环境保护和环境投资给予了足够的重视,树立了较为清晰的环境保护优先的发展理念,并将这种环境发展理念与公司文化和发展战略相结合,成为指导企业可持续发展的目标和工具。例如,壳牌的环保理念是：为社会公益事业出一份力,和更多人分享我们的环境保护承诺。

在节能减排、环境保护方面,中国政府的决心对石油企业形成了一定的约束或挑战。石油企业也为改善生态环境做出了诸多努力,取得了一定的成绩,但仍然没有真正树立环保第一的理念,生态环境保护的工作还没有真正落实。

结合我国对石油企业的相关政策要求,油气矿区供应链的环境成本内部化机理主要是通过分析无政府监督情况下的企业间博弈、存在政府监督情况下的企业间博弈以及供应链系统内企业间的博弈,从而明晰油气矿区供应链环境成本内部化是如何实现的。

4.2.2.1　政府对供应链环境成本内部化实施监督和激励

假设政府对成员企业环境成本内部化行为实施监督,监督的主要形式是征收排污费,同时对成员企业实施环境成本内部化的行为给予补贴及税收优惠(表4.2)。未实施环境成本内部化前对 A 和 B 两成员企业分别按排污量征收排污费 F_A 和 F_B,实施环境成本内部化后由于排污量的不断减少,排污费变为 F_A^* 和 F_B^*。同时为鼓励矿区成员企业实施环境成本内部化,政府对实施环境成本内部化的成员企业分别给予补贴 T_A 和 T_B,补贴的形式可能是直接的财政支出或者税收优惠。当 $S_A^* - F_A^* + T_A > S_A - F_A$ 且 $S_B^* - F_B^* + T_B > S_B - F_B$ 时,出现 A 和 B 两成员企业都实施环境成本内部化的纯策略均衡。

表4.2　政府监督条件下矿区成员企业间环境成本内部化博弈

成员企业 A	成员企业 B	
	实施环境成本内部化	不实施环境成本内部化
实施环境成本内部化	$(S_A^* - F_A^* + T_A, S_B^* - F_B^* + T_B)$	$(S_A^* - F_A^* + T_A, S_B - F_B)$
不实施环境成本内部化	$(S_A - F_A, S_B^* - F_B^* + T_B)$	$(S_A - F_A, S_B - F_B)$

通过上述博弈分析可知,当政府对油气矿区供应链成员企业污染行为进行监督并对企业环境成本内部化给予激励和补贴时,可以使油气矿区供应链成员企业主动承担社会成本。因此,各级政府应完善环境法律监督体系,加强监管和约束力度,对违反法律的行为给予严厉惩处;相关部门应制定和完善环境会计准则,统一企业环境信息披露口径;鼓励企业积极承担社会责任,设立财政专项补贴,对供应链企业承担社会责任的行为予以激励。

4.2.2.2　供应链成员企业间建立协同补偿机制

供应链成员企业间协同补偿机制建立的关键是交易价格的确定,同时,由于政府给予油气开采企业一定的财政激励,还会涉及财政激励在油气矿区供应链各成员企业间的分配问题。本章以油气矿区供应链上的核心企业——油气开采企业及其供应商为例,说明为实现环境成本内部化,供应链企业间有必要建立起合理的协同补偿机制。

假设企业 E 为油气开采企业,企业 S 为处于油气矿区供应链上的向油气开采企业供应产品的相关企业,企业 E 实施环境成本内部化的概率为 α,企业 S 实施环境成本内部化的概率为 β。企业 E 和 S 不同策略选择下的收益矩阵如表 4.3 所示。其中,环境成本内部化前企业 S 的产品销量和价格分别为 Q_S 和 P_S,环境成本内部化后企业 S 的产品销量和价格分别为 Q_S^* 和 P_S^*;环境成本内部化前企业 E 的产品销量和价格分别为 Q_E 和 P_E,环境成本内部化后企业 E 的产品销量和价格分别为 Q_E^* 和 P_E^*。环境成本内部化前企业 S 的单位产品成本为 C_S,环境成本内部化后企业 S 的单位产品成本变为 C_S^*($C_S \leqslant C_S^*$)。环境成本内部化前企业 S 的收益为 $S_S = Q_S(P_S - C_S)$,企业 E 的收益为 $S_E = Q_E(P_E - P_S)$;环境成本内部化后企业 S 的收益为 $S_S^* = Q_S^*(P_S^* - C_S^*)$,企业 E 的收益为 $S_E^* = Q_E^*(P_E^* - P_S^*)$。为简化分析,假设企业 E 实施环境成本内部化后其他成本不发生变化,只是原材料成本由原来的 P_S 变为 P_S^*。

表 4.3　油气矿区供应链内企业间关于环境成本内部化的博弈表

企业 E	企业 S	
	实施环境成本内部化	不实施环境成本内部化
实施环境成本内部化	$(S_E^* - F_E^* + T_E,\ S_S^* - F_S^* + T_S)$	$(S_E^* - F_E^* + T_E,\ S_S - F_S)$
不实施环境成本内部化	$(S_E - F_E,\ S_S^* - F_S^* + T_S)$	$(S_E - F_E,\ S_S - F_S)$

油气开采企业 E 的期望收益:

$$E_1 = \alpha[\beta(S_E^* - F_E^* + T_E) + (1-\beta)(S_E^* - F_E^* + T_E)] + \\ (1-\alpha)[\beta(S_E - F_E) + (1-\beta)(S_E - F_E)] \tag{3.1}$$

将式(3.1)化简得到:

$$E_1 = \alpha(S_E^* - F_E^* + T_E) + (1-\alpha)(S_E - F_E) \tag{3.2}$$

将 $S_E = Q_E(P_E - P_S)$ 和 $S_E^* = Q_E^*(P_E^* - P_S^*)$ 带入公式(3.2)并化简得到:

$$E_1 = \alpha(Q_E^* P_E^* - Q_E^* P_S^* - F_E^* + T_E) + (1-\alpha)(Q_E P_E - Q_E P_S - F_E) \tag{3.3}$$

使得企业 E 的期望收益最大,$\dfrac{\partial E_1}{\partial \alpha} = 0$,得到:

$$P_E^* = \frac{Q_E^* P_S^* + F_E^* - T_E + Q_E P_E - Q_E P_S - F_E}{Q_E^*} \quad (3.4)$$

当交易价格为 P_S 时,油气开采企业 E 的期望收益最大化。

供应企业 S 的期望收益:

$$E_2 = \alpha [\beta(S_S^* - F_S^* + T_S) + (1-\beta)(S_S - F_S)] + \\ (1-\alpha)[\beta(S_S^* - F_S^* + T_S) + (1-\beta)(S_S - F_S)] \quad (3.5)$$

将式(3.5)化简得到:

$$E_2 = \beta(S_S^* - F_S^* + T_S) + (1-\beta)(S_S - F_S) \quad (3.6)$$

将 $S_S = Q_S(P_S - C_S)$ 和 $S_S^* = Q_S^*(P_S^* - C_S^*)$ 带入式(3.6)并化简得到:

$$E_2 = \beta(Q_S^* P_S^* - Q_S^* C_S^* - F_S^* + T_S) + (1-\beta)(Q_S P_S - Q_S C_S - F_S) \quad (3.7)$$

使得企业 S 的期望收益最大,$\frac{\partial E_2}{\partial \beta} = 0$,得到:

$$P_S^* = \frac{Q_S P_S - Q_S C_S - F_S + Q_S^* C_S^* + F_S^* - T_S}{Q_S^*} \quad (3.8)$$

通过上面的分析可知,当油气开采企业所开采油气的价格为 $P_E^* = (Q_E^* P_S^* + F_E^* - T_E + Q_E P_E - Q_E P_S - F_E)/Q_E^*$,而供应企业的价格为 $P_S^* = (Q_S P_S - Q_S C_S - F_S + Q_S^* C_S^* + F_S^* - T_S)/Q_S^*$ 时,油气开采企业和供应企业的企业收益达到最大化,而上述价格的达到需要通过油气矿区供应链企业间的协同补偿机制得以实现。协同的目的是实现供应链整体绩效与企业满意相统一的帕累托最优,而供应链企业协同的过程也是为实现环境成本内部化,使人、财、物、信息等资源在供应链系统内传导的过程。

4.2.2.3 中央政府调整环境管理制度,约束地方政府

通常,中央和地方政府的行为选择在环境质量好坏方面发挥了重要作用。例如,中央通常通过制定环境标准和管理规则等手段控制环境质量,地方政府则按照中央政府的要求贯彻执行并完成相应的目标,中央政府也会采取一定措施来对地方政府的执行力度进行监督。

假设中央政府的选择因素用 x 代表,地方政府的选择因素用 y 代表。x 和 y 共同决定环境质量改善所带来的社会效益,可以表述为 $B(x,y)$,且其一阶偏导数 $B_x > 0$,$B_y > 0$,即环境效益取决于环境质量,环境质量取决于中央和地方政府采取环境保护措施的多少。中央政府的环境保护成本函数为 $C^F = C^F(x, y)$,地方政府的环境保护成本函数为 $C^S = C^S(x, y)$,则环境保护的净效益为:

$$NB(x, y) = B(x, y) - C^F(x, y) - C^S(x, y) \quad (3.9)$$

分别对式(3.9)的中央政府和地方政府的选择因素 x 和 y 求导,得到:

$$NB_x(x, y) = B_x(x, y) - C_x^F(x, y) - C_x^S(x, y) \qquad (3.10)$$

$$NB_y(x, y) = B_y(x, y) - C_y^F(x, y) - C_y^S(x, y) \qquad (3.11)$$

当 $NB_x(x, y) = 0$ 且 $NB_y(x, y) = 0$ 时,满足中央政府与地方政府行动统一时环境保护的社会最优效率。然而,现实中,中央政府与地方政府关于环境保护的行为并不总是能够达到社会最优效率。中央政府制定环境保护政策,而地方政府根据中央政府的政策来决定行为选择,因此地方政府的行为选择变为 $y^S(x)$,中央政府制定政策时也会将地方政府政策执行中的委托–代理行为考量在内。由此,中央政府的最优决策可表述为:

$$\text{Max } NB^F = B_x[x, y^S(x)] - C_x^F[x, y^S(x)] \qquad (3.12)$$

其一阶表达式化简得到:

$$B_x - C_x^F + B_y \frac{\partial y}{\partial x} = 0 \qquad (3.13)$$

而不存在地方政府执行异化情况下中央政府的最佳行为选择为:

$$B_x - C_x^F = 0 \qquad (3.14)$$

由于式(3.13)和式(3.14)无法同时满足,所以,在非同步决策情况下,中央政府和地方政府实施序列决策时,中央会做出偏离社会最优状态的选择,这是建立在充分考虑地方政府行为因素的基础之上的。同样,地方政府也往往会做出偏离社会最优的选择,这是建立在中央政府非最优选择的基础之上的。

从以上分析可以看出,地方政府因为灵活执行中央政府的政策而导致执行效率低下,环境政策预期并未达到最优的效果。因此,解决该问题的关键是通过中央政府环境管理制度的调整,将经济增长的速度与环境承载能力相协调,实现的方法是限制地方政府盲目追求经济增长、忽视环境保护的短期行为。随着市场经济体制的逐步完善,环境问题的治理将由政府为主导逐渐转向环境治理市场化,通过排污权交易等手段,探寻治理环境的内部化手段,促使企业从供应链的角度考量生产经营全生命周期过程中对环境造成的影响。同时,中央政府也要改变对地方政府的考核方式,在考察 GDP 增长的同时,将环境保护、资源节约、循环经济、社会就业、公正公平、收入差距等引入地方政府官员的绩效评价体系,对环境破坏严重、生态恶化严重、资源消耗过多的情况给予严惩。这将有效地促使地方政府重视环境保护,积极执行中央政府的环境政策。

4.2.3　油气矿区供应链环境成本内部化的传导机制

油气矿区供应链环境成本内部化的实现是供应链系统内外部各相关利益群体不断博弈的复杂动态过程,该过程伴随着人、财、物、信息等资源在供应链系统内的传导,如图 4.2 所示。

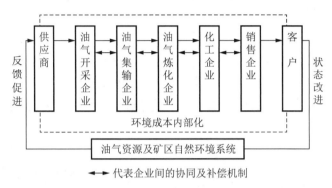

图 4.2　油气矿区供应链环境成本内部化实现过程图

本研究主要分析内部化过程中的成本传导机制、信息传导机制以及为保障成本及信息的传导而必需的激励约束机制。

（1）成本传导机制。供应链环境成本内部化的实施会造成一定时期内供应链运营成本的提高,供应链环境成本内部化的关键问题之一就是如何将这部分成本在供应链成员企业间进行分配,这也是成本传导机制的主要内容。较为合理的方式是各企业按生产中的环境成本内部化需要进行投入和支出,下游企业通过交易价格的变化对上游企业进行补偿。在这一价值传导过程中,也需要政府投入部分资金对供应链进行补偿。政府补贴部分可按两种思路分配:一种是将补贴全部补偿给核心企业,核心企业再通过调整交易价格的方式补贴供应链上的其他企业;另一种是按环境成本内部化的投入比例分别补贴给不同的企业。成本传导机制实施的关键是在实现供应链环境成本内部化的基础上使成员企业满意。

（2）信息传导机制。信息传导可以抑制"牛鞭效应",实现信息共享。研究表明,信息共享能够提升供应链生产系统的利润水平。在供应链系统内建立完善的信息共享机制,有助于实现油气矿区供应链的环境成本内部化。该信息共享机制包含两方面的内容:一是供应链系统内企业间的信息共享机制;二是供应链上企业与消费者间的信息共享。要建立完善的信息共享机制,首先,应由供应链主导企业对供应链成员企业进行教育,促使各成员企业树立积极有效的信息共享以及提高供应链绩效的意识;其次,要建立成员企业与消费者间的信息共享渠道,减少信息传递中的失真;最后,要建立相应的激励机制,激励消费者以及成员企业提高供应链信息共享水平。

(3)激励约束机制。激励约束机制是成本传导和信息传导的重要保障。油气矿区供应链环境成本内部化的激励约束机制主要是指,为推动环境成本内部化在整条供应链上的有效实施,作为供应链核心企业的油气开采企业对其他企业的激励与约束行为。激励约束机制主要包括价格激励、订单激励、信息激励、淘汰激励以及组织激励等激励形式。核心企业可根据情况选取几种激励形式以实现环境成本内部化实施效果的不断优化,最终达到在环境容量、探明储量等相关约束条件下,油气矿区供应链整体绩效最大化与成员企业满意间的统一。

4.3　油气矿区供应链环境成本内部化与区域经济发展的互动关系

从系统论的角度来看,环境与经济是一枚硬币的两个面,它们之间的相互作用和制约共同决定了环境-经济系统的变迁与发展。一方面,环境是经济的基础,环境的变迁必然对经济的发展产生重要的影响;另一方面,经济活动又会显著影响环境系统,并在一段时间内对环境系统的变迁起主导作用。从整体上来看,二者是对立统一的关系,实施环境成本内部化是加深经济系统与环境系统间联系、促进经济与环境间关系和谐演进的必要手段。油气矿区供应链环境成本内部化通过油气矿区企业实施的环境成本内部化投资得以实现,因此本章对油气矿区供应链环境成本内部化与区域经济发展互动关系的分析主要通过环境成本内部化投资与区域经济发展互动关系的分析实现。环境成本内部化投资理论的研究尚处于初始阶段,主要借鉴绿色投资的概念,将环境成本内部化投资界定为以承担外部环境成本、实现生态系统良性循环、社会经济可持续发展、人与自然和谐为目的的,能为投资者和社会带来持续发展价值的投资。

4.3.1　环境成本内部化的投资效果分析

本研究将油气矿区供应链成本界定为生产成本、交易成本、物流成本、环境成本以及社会责任成本。假设油气矿区供应链的集成收入为 S,成本项目主要包括生产成本 C_P、交易成本 C_T、物流成本 C_L、环境成本 C_E 以及社会责

任成本 C_R。基于成本效益的原理进行分析,油气矿区供应链的集成收益 $E = \sum_{t=1}^{n}(S_t - C_{Pt} - C_{Tt} - C_{Lt} - C_{Rt})$。实施环境成本内部化后,假设收入不变,企业为实施环境成本内部化会采取增设污染物处理设备、加强对排放物的检测和处理等措施,这些措施的采取会增加一部分初始投资 I,其收益变为 $E^* = \sum_{t=1}^{n}(S_t - C_{Pt}^* - C_{Tt}^* - C_{Lt}^* - C_{Rt}^*) - I$。若 $E^* > E$,则油气矿区供应链达到了价值增值的目的。

当收入一定时,各成本项目会随着油气矿区供应链环境成本内部化的过程而发生变化。基于作业成本动因的视角进行分析,内部化投资通过影响各成本项目以及成本项目各组成部分的比例来提升供应链价值的影响。实施内部化投资将直接对环境成本和社会责任成本等成本项目产生影响,而随着内部化实施的逐渐深入,生产成本、交易成本以及物流成本也将受到影响。从短期来看,在实施环境成本内部化的初期,由于将一部分外部环境成本内部化,同时企业为实施环境成本内部化而主动承担社会责任,将会导致环境成本和社会责任成本的上升。但是随着环境成本内部化投资效果的逐渐显现,企业环境成本将逐渐下降,同时由于企业实施环境成本内部化提高了资源利用效率,从长期来看,生产成本也将逐渐下降到稳定状态。

4.3.2 环境成本内部化对区域经济发展的影响

实施环境成本内部化将会对自然资源系统与经济系统的关系起到有效的平衡作用,有利于转变经济增长方式,实现区域经济发展模式转型;提高资源利用效率,促进区域经济可持续发展。

4.3.2.1 提高资源利用效率,促进区域经济可持续发展

由前面的图 4.1 可知,在存在环境成本外部化的情况下,企业往往会做出透支环境资源的决策。而环境成本内部化可以提高资源的利用效率,促进区域经济可持续发展。由于我国人均资源占有量少,过度的资源开发和利用加剧了资源的紧张状况,制约着我国经济社会可持续发展的资源瓶颈已经显现,这在资源型城市中显得尤为突出。如何提高资源利用效率、实现区域经济的可持续发展已经成为长期以来困扰我国大多数资源型城市的难题。实施环境成本内部化,促使企业对耗费资源、破坏环境的行为负责,将企业对环境资源的消耗纳入会计核算体系,可以提高资源利用效率,改善环境质量,促进区域经济的可持续发展。

4.3.2.2　转变经济增长方式，实现区域经济发展模式转型

不合理的经济增长方式对环境和资源带来了不利的影响和后果，资源瓶颈和环境容量对于经济社会发展的制约作用也越来越明显，经济发展的方向正在向调整结构和转变经济增长方式转变，而内部化是实现经济增长方式转变的有效途径之一。通过实施内部化，自然资源系统和区域经济系统可以成为一个完整的生态经济系统。一方面，自然资源系统为区域经济系统提供资源和能量，使区域经济得到发展，环境质量得到改善；另一方面，区域经济系统也向自然资源系统提供能量和物质，保障自然资源系统的循环和生产能力。通过实施油气矿区供应链环境成本内部化，使企业树立起将环境因素纳入决策考量因素的意识，环境因素成为经济决策的内生变量，从而改变以往通过增加资源投入换取经济增长的粗放的经济发展方式，逐渐向集约方式转变。

4.3.2.3　环境成本内部化投资成为区域经济发展新的原动力

传统投资把追求经济利润作为主要目标，甚至是唯一的考量因素，因此忽视了投资对资源环境的损害或者很少考虑对环境的影响，这样做虽然增加了产出，但也耗费了大量的资源，对环境系统造成了破坏，使经济增长的实际成本（社会成本）远远大于企业投入的成本。而环境成本内部化投资旨在形成新的生产力，不对环境资源构成破坏，其追求的是社会成本等于企业成本，最终可以实现社会收益大于企业收益，该情况下，环境成本内部化投资成为推动区域经济发展的新的原动力。

4.3.3　区域经济发展对环境成本内部化的影响

4.3.3.1　经济增长与环境关系的认识发展过程

古典经济学时期就已经开始探讨经济增长和区域环境的关系，涌现出大量代表人物，如马尔萨斯、李嘉图与约翰·穆勒。马尔萨斯提出了人口呈几何级数增长而生活资料以算术级数增加的论断，在其撰写的《人口原理》和《政治经济学》中有详细的描述。李嘉图也对经济增长的前景持悲观情绪，但认为只存在自然资源的相对稀缺，并不存在自然资源的绝对稀缺。约翰·穆勒则在此基础上发展了新的观点，认为社会生产的三要素包括劳动、资本和自然资源。这个时期，社会生产以农业为主，经济发展对环境的破坏不是非常明显，因而不是古典经济学家关注的重点。工业社会以来，经济增长对环境的影响才慢慢成为经济学界及经济学家关注的焦点，他们开始深刻思考经济增长对于环境的破坏作用。

4.3.3.2　经济发展与环境关系的库兹涅茨曲线

关于经济和环境的议题,库兹涅茨作为经济学家提出了"倒 U 曲线"。他指出,经济发展与环境污染体现为一个过程,即经济发展对环境的影响开始并不明显,随着经济的发展,环境污染由低趋高,环境愈加恶化,当经济发展到一定水平之后,随着人均收入水平的进一步增加,环境质量逐渐得到改善,如图 4.3 所示。

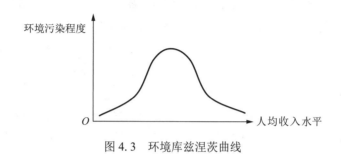

图 4.3　环境库兹涅茨曲线

20 世纪以来,尤其是 90 年代以后,西方环境经济学家对经济发展与环境质量之间的关系进行了实践探索和论证,得出环境质量随经济发展存在先恶化后改善的结论。库兹涅茨曲线假说让人们认识到环境质量与经济发展之间确实存在着一定的关系,这一观点建立在环境质量与经济发展辩证统一的基础之上。

4.3.3.3　区域经济发展对环境成本内部化的促进作用

基于库兹涅茨曲线揭示的经济与环境间的互动关系,我们认为油气矿区环境成本内部化能够提高区域经济发展效率、促进区域经济可持续发展,同时,区域经济的不断发展将为油气矿区环境成本内部化提供物质基础和保障。可持续发展的观点对经济发展提出了新的要求,经济的发展不仅要满足现当代人的需求,同样要满足后代人生存发展的需要,不能损害后代人的利益。这要求在发展中正确处理人、社会、环境和经济之间的关系,使四者协调统一发展,其主要思想是保护环境、节约资源。而环境成本内部化正是通过将外部环境成本纳入企业会计核算体系,使企业承担外部环境成本,从而使企业的资源消耗状况在会计信息上得到正确的反映,促使企业据此做出合理利用自然资源的决策,同时企业会为消除对环境造成的不良影响而采取措施。环境成本内部化体现了可持续发展的思想。区域经济发展对环境成本内部化的促进作用主要体现在:

（1）政府财政收入增多，可用于环保补贴的资金增多。区域经济发展可以有效提高政府的财政收入，政府可以利用财政收入对油气矿区内实施环境成本内部化的企业进行补贴，以提高企业实施环境成本内部化的积极性。同时，财政收入的增加将使政府加大对基础设施的建设投资，基础设施建设的不断完善将为企业实施环境成本内部化后所生产环保产品的应用推广提供良好的基础，对于消费者购买并使用环保产品具有促进作用。以矿产资源为例，政府通过安排矿产资源节约与综合利用专项资金，带动了矿山企业投资，使得全国矿山企业整体开采回采率、选矿回收率和共伴生资源综合利用率提高，并盘活了一批资源储量。

（2）社会公众生活水平提升，对环境质量要求更高。区域经济发展将显著提高社会公众的生活水平，相应地，公众对环境质量的要求也会提高。由于环保意识增强，消费者更倾向于选择环保产品，也会更加关注企业对社会责任的履行状况。企业为了维护良好的企业形象，同时为了满足消费者日益提升的环境质量需求，会更有动力实施环境成本内部化。随着区域经济的发展，环境成本内部化将逐渐从政府规制下的被动行为转变为市场推动下的自发行为。

第5章

基于区域经济发展的油气矿区
供应链成本动因分析方法与模型

5.1 基于区域经济发展的油气矿区供应链成本管理与价值提升思路

对于油气矿区来说,其供应链的建立是整个矿区进行价值计量和综合分析活动的基础。只有在明确了价值链的构成后,矿区才能在价值链的基础上进行定量化的价值分析。但由于供应链具有动态化属性,当供应链因所处环境变化而发生变化时,矿区的成本构成也会因此而产生变化。在油气矿区动态变化的过程中,环境责任容易被忽视,不利于可持续发展。为了避免环境责任被忽视,可以通过供应链成本构成的转变来完成对环境成本的内部化,解决环境责任被忽视的问题。至此,我们从可持续发展角度提出了油气矿区供应链的整体目标:实现价值增值,发展区域经济。

本章分析了多种油气矿区价值增值的路径,同时着重在价值链增值分析中引入成本动因的分析,进一步促进了油气矿区供应链价值增值的有效实现。基于区域经济发展的油气矿区供应链成本管理与价值提升的整体思路如图5.1所示。

5.1.1 油气矿区供应链成本管理的目标与对象

本章基于区域经济可持续发展,展开对油气矿区供应链成本管理的研究,管理主体是整个油气矿区,研究对象或成本核算主体是供应链上各成员单位,这些单位同时又相当于各作业成本归集的中心。其中,将油气开采企业作为供应链管理中的核心企业,以此展开油气矿区对区域经济发展重要性的分析。

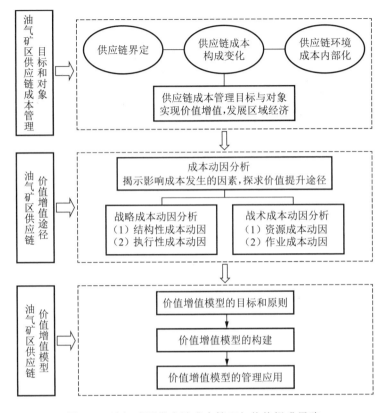

图 5.1　油气矿区供应链成本管理与价值提升思路

以胜利油田和黄河三角洲区域经济发展为例,体现出国家石油战略和黄河三角洲生态高效区域经济发展的重要意义。

基于此,油气矿区供应链成本管理所要达到的目标如下:

(1)提高油气矿区供应链成本管理水平,谋求供应链总成本最小化。对供应链价值增值的环节进行分析,寻找成员企业的成本降低空间,进行矿区供应链成本动因分析,对供应链成本的驱动因素进行调整,达到从源头上进行事前成本控制与分析的目的,进一步消除供应链中的不增值、负增值和零增值作业,通过加强企业间合作对供应链进行整体规划,以促进供应链总成本的降低,获得和加强自身的成本优势。

(2)加强油气矿区供应链成本动因分析,实现供应链价值增值。油气矿区供应链成本动因分析从供应链的角度对节点企业之间的依存关系展开分析,突破了传统的只从企业内部进行成本动因分析的局限性,同时揭示了作业与成本动因之间的关联关系和价值增值与成本之间的关联关系。根据成本动因在战略和战术层面的划分,本研究将油气矿区供应链结构划分为战略层面的结构性成本动因和执行性成本动因,以及战术层面的资源成本动因和作业成本动因。在以上成本动因分析的基础上,提出油气矿区供应链价值增值模型,借此实现供应链价值创造的最大化。

（3）推动区域经济生态高效可持续发展,促进区域社会进步。油气矿区供应链成本管理的最终目标是实现区域经济的可持续发展。通过在成本管理过程中加强资源合理利用、转变投资方式、减少不合理生产经营支出、加大环境保护力度,实现区域经济要素禀赋结构的提升,推动产业集聚与区域创新,推动环境成本内部化在供应链上持续有效传导,促进供应链的生态化。同时,在管理过程中促进各企业社会责任成本意识的提高,强化节点企业环保意识,保障能源与环境的和谐统一。

5.1.2　油气矿区供应链价值提升的意义

"成本链"与价值活动相对应,存在于油气矿区供应链上,作为价值活动消耗指标,是一种价值的"负增值"形式。供应链成本管理的突破口就是对"成本链"的分析,通过分析可以找出价值链上的不增值或低效的活动,从而有针对性地采取措施减少"负增值"额,降低供应链上的成本消耗,实现供应链的价值提升。

实现油气矿区供应链目标总成本的最优化过程,也是实现油气矿区供应链效率提升、流程优化和价值增值的过程。其中,实现价值增值是最重要的特征。实现价值增值的途径之一就是增强油气矿区供应链上节点企业和服务单位之间的紧密联系,通过节点企业之间的合作,形成一条整体的"价值链",最终实现油气矿区供应链节点企业整体共赢,达到价值最大和总成本最低的目的。

开展油气矿区供应链价值增值研究,寻找出提升油气矿区供应链价值的可行路径,对于区域经济生态高效可持续发展具有重要意义。价值增值对油气矿区供应链管理提出更高要求,需要对原来的资源要素进行重新整合,促进区域要素禀赋结构提升,推动产业结构升级和产业集群化发展。同时,区域经济全面发展会在更大程度上刺激供应链成员企业之间加强合作,实现互利共赢,促使各企业改变最初的成本构成,探寻最低限度成本消耗结构,这也要求企业更加重视环境成本在供应链上的传导作用,促进了区域生态高效发展的实现。

实现油气矿区供应链总体成本和各成员企业成本最小化,是供应链价值增值研究的重要途径,有利于石油企业迎接来自国内外竞争的挑战。强化供应链成本管理,加强油气产品形成过程中各个环节之间的合作,推动上下游产业链一体化,实现企业间的强强联合和优势互补,有助于建立起具有全球竞争力的石油行业供应链体系。

5.1.3 油气矿区供应链成本管理方法应用

现阶段,关于供应链成本管理方法的研究,部分国内外学者已经展开了诸多探索。Cavinato(1991)尝试借助作业成本法对整体供应链上发生的成本进行研究,通过整合物流过程来全面降低作业成本;Lalonde 等(1996)则以作业成本法和所有权全面成本对供应链作业的相关成本进行构建;Seuring(2001)运用目标成本法整合了直接成本、作业成本和交易成本等供应链成本核算的三个层次来分析和缩减供应链总成本;桂良军等(2004)从基于信任、合作和信息共享的角度,研究了供应链作业成本和目标成本,认为产品生命周期成本是在探索供应链成本管理内容和方法时应重点考虑的一个方面。

从现有研究结果来看,作业成本法和目标成本法在供应链成本管理方法应用和研究中应用最多。因此,本书也拟采用这两种方法对油气矿区供应链成本管理进行研究。

采用作业成本法,将供应链上的成员企业作为各项不同的作业,并通过战略成本动因和战术成本动因分析的方式,寻找关键动因;引入目标成本法,利用供应链价值增值目标函数,优化价值增值模型,最终实现总成本最低。

在采用作业成本法时,需要借助战略成本管理中的战略成本动因和战术成本动因的相关内容。战略成本动因分析是对影响企业成本产生的战略层面驱动因素进行分析的一种方法,其站在企业战略的高度来关注成本的发生,包括结构性成本动因和执行性成本动因;战术成本动因是指与作业相关联的动因,如产液量、开井数等,包括作业成本动因和资源成本动因两类,目的在于寻找影响供应链作业成本和资源成本的驱动因素。

成本动因分析是油气矿区供应链成本管理的最主要的工具和方法,是油气矿区供应链价值增值研究的切入点和落脚点,也是构建油气矿区供应链价值增值模型的基础和前提,下文将予以详细阐述。

5.2　油气矿区供应链价值增值路径研究的切入点——成本动因分析

5.2.1　油气矿区成本动因构成分析

在对油气矿区供应链成本构成进行分析之后,可知供应链成本动因受多重因素影响,各相关成本动因结合起来决定了一种既定活动的成本。对供应链各成员企业供应链成本动因的识别和分析不仅有助于成员企业明确自身成本优势和成本形成变化的原因,也有助于从源头上对成本进行管理和控制。因此,分析油气矿区供应链的成本驱动因素,是发现成本动因与推动油气矿区区域经济可持续发展的重要方式,是实现价值增值的重要路径。本章从战略和战术两个不同的层面,详细说明矿区供应链的结构性成本动因、执行性成本动因、作业成本动因和资源成本动因,并分析其对区域经济发展的影响,如图5.2所示。

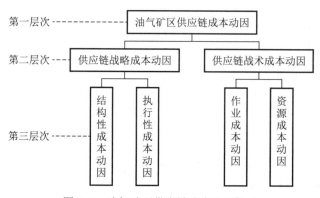

图 5.2　油气矿区供应链成本动因构成

5.2.2　油气矿区供应链战略成本动因分析及对区域经济发展的影响

战略成本动因主要是通过对油气矿区所处的环境进行宏观层面上的分析,并引入量化分析进而确定矿区所处的宏观环境对供应链成本管理的影响,从而揭示油气矿区供应链各环节成本差距的战略性因素。战略成本动因分析将油气矿区供应链成本管理的重心由战术层面上升到战略层面,从长远、全局、战略上分析、查找、控制日常生产经营中的潜在成本,形成和维持价值链上各成员企业的持久竞争力。结合油气矿区生产经营特点,本研究认为油气矿区供应链的结构性成本动因有油气开采地理环境、油气开发技术和阶段、国际化经营和区域经济一体化、油藏地质自然条件、区域经济规模、油气资源品位等几个方面;执行性成本动因主要有供应链协作水平、投资方式选择、资产管理水平、全面预算与成本控制水平、价值环节整合、全面质量管理、HSE 管理体系构建和实施、合同模式选择、供应链效率测评与提升等几个方面,如图 5.3 所示。

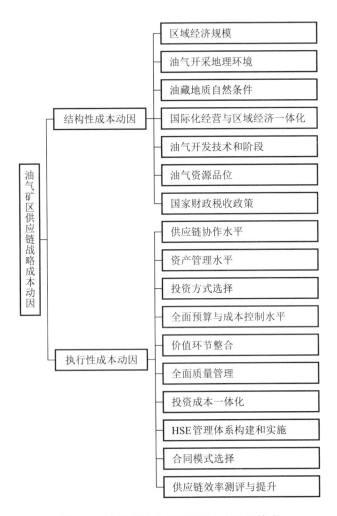

图 5.3　油气矿区供应链战略成本动因构成

5.2.2.1　油气矿区供应链结构性成本动因分析

油气矿区供应链结构性成本动因是成员企业在基础经济结构层面的战略性选择,结构性成本动因分析旨在解决此类动因的优化配置问题,是进行供应链成本管理的起点和基础。

（1）区域经济规模。

区域经济规模对供应链成本的影响主要有三个方面:第一,区域经济规模容易形成规模效应,从而摊薄整个供应链的总成本,提高利润率;第二,较大的区域经济规模会加强区域内的企业协同效应,从而有效提高供应链价值增值的效率;第三,区域经济规模大的地区对资金的吸引能力更强,也有利于人力资源等生产要素的聚集,从而形成可持续发展的区域经济优势。

（2）油气开采地理环境。

油气开采地理环境在很大程度上影响油气开采的难易和原油运输的费用状况。地理位置偏远的油气矿区,交通条件和经济条件不发达,不仅加大了上游油气勘探开发的难度,增加了开发投入,也会影响供应链上中游管道运输、原油炼化化工以及下游的集输销售,最终提高了油气矿区供应链各个环节的成本。

（3）油藏地质自然条件。

油藏的构造及其复杂程度会对油气矿区的成员企业开发成本产生重要影响,复杂的地质构造勘探难度大,对技术的要求高,需要投入更多的人、财、物等资源,最终会增加开发成本。油藏的储量和丰度决定了其产量的高低,储量大就有较大的生产规模,同时产量也大,在同样成本支出的前提下,企业产油的单位成本支出就少。以东部某油田为例,其油气矿区处于地质条件复杂、含油层系多、储层种类多、物性变化大的地区,高含水、低渗透、复杂断块和出砂等各类油藏及其断块特点使得油气矿区生产经营管理面临严峻的挑战。因此,油藏地质自然条件必须作为影响油气矿区供应链成本的主要动因加以考虑。

（4）国际化经营与区域经济一体化。

国际化经营可以有效提高供应链成员企业的国际竞争力,区域经济一体化经营能够促进供应链流程的优化,对油气矿区供应链总体成本产生影响,因此,应在进行战略动因分析时给予充分的考虑。推进油气矿区区域经济一体化进程,能够增强企业的敏捷性,有效预测市场需求,优化资源配置,合理安排生产,同时得到更高的比较优势和规模经济效益;进行从原油的勘探、开发、集输、炼化、化工到销售的全过程经营,建立满足供应链的组织结构,促进形成特大型跨国集团,发挥油气矿区供应链中各价值活动的整体优势,可以获得与国外大公司相抗衡的竞争能力,最终降低成本,实现价值提升。

(5)油气开发技术和阶段。

油气开发技术和阶段会对提高油气矿区供应链成本管理水平产生重要影响。在油气勘探开发阶段,油气开采企业会采用三维地震、大位移钻井、丛式井等先进的开采技术,伴随着勘探开发技术的提高,油气开采企业的工作量减少,相应的成本费用支出也在一定程度上减少,从而对油气矿区供应链产生积极的影响。同时,不同的勘探开发阶段决定了对开采技术的选择不同,所采用的措施和工作量不同,耗费的资源和成本支出也不同,最终对油气矿区供应链成本的影响也不同。由此可知,油气开发技术和阶段是影响油气矿区供应链成本的主要因素之一。

(6)油气资源品位。

油气资源品位是油气开采企业重点考虑的因素之一。油气资源品位反映油气矿区油气发现的概率和勘探开发的难易程度,包括油气远景、地质地理特征,主要有原油的性质、油藏的储量及丰度、油藏的构造及其复杂程度、油层的性质、油藏的埋藏深度五个方面的内容。油气资源品位的不同直接造成其销售价格的差异,资源品位越高销售价格越高。同时,高的油气资源品位意味着油气企业为了提高品位而进行了一定的处理加工,从而也增加了成本支出,对油气矿区供应链成本产生影响。

(7)国家财政税收政策。

国家财政税收是对油气供求生产进行调控的重要工具,是决定油气勘探开发成本的重要因素之一。由于国家财政税收具有很强的政策性,因此被称为政策性成本。政策性成本具有强制性和长期性的特点,所以是重要的结构性成本动因项目。当前,我国各大油田涉及的石油财税内容主要包括采矿权使用费、采矿权价款、企业所得税、增值税等15个税费项目,同时还承担着河道维护费、工农协调费、道路桥涵补偿费等诸多的隐性费用。

5.2.2.2　油气矿区供应链执行性成本动因分析

油气矿区供应链执行性成本动因的最终目的是提高成员企业的成本管理水平,本质上是对成员企业成本管理业绩目标的战略强化。在结构性成本动因分析为执行性成本动因分析明确了方向之后,执行性成本动因应成为成员企业成本管理的重点。本研究着重从供应链协作水平、资产管理水平、投资方式选择、全面预算与成本控制水平、HSE管理体系构建和实施、合同模式选

择和供应链效率测评与提升等几个方面分析油气矿区供应链的执行性成本动
因。

（1）供应链协作水平。

供应链的生产协作避免了信息不对称或成员企业单方面考虑自身成本对
整个供应链成本管理的影响。供应链协作水平越高,信息流通就越迅速,成员
企业之间的协作能力就会越强,形成对整个供应链有利的决策效果。对油气
矿区而言,物资供应、勘探、开采、集输、生产、销售的完整供应链以油气开采企
业为核心、以原油的流动为导向,实现供应链整体协调,为降低成本、提高管理
水平建立良好的基础。

（2）资产管理水平。

资产管理就是为实现企业经营业绩最大化,以生产经营为基础对流动资
产进行管理,并从中获得最有利的企业盈利机会,因此资产管理逐渐成为现代
企业经营管理的重要观念。资产管理要求企业坚持资产多元化,将多角度经
营和多轮驱动作为企业的战略支撑,将效益作为生产经营的中心来把握,重视
投入产出和资金回报率的作用。资产管理水平低,资产折旧速率快,当期成本
费用高;资产管理水平高,则相反。可以看出,资产管理水平的高低会直接影
响当期利润。因此,资产管理水平对油气矿区供应链各成员单位效益水平以
及油气矿区供应链总成本都有重要影响。

（3）投资方式选择。

投资是成本存量形成的重要方式,因此合理选择投资方式成为一项从源
头上控制油气矿区供应链成本的重要方式。产权买卖是投资的方式之一,成
员企业通过收购、兼并、参股国外企业产权等途径进入资源市场,参与国际招
投标,促进项目、劳务、产品和资本相结合。原油、成品油的国际贸易同合资、
合作、国际招投标等工作相结合,最终追求企业跨国经营的多元化、多样化和
多渠道化,完成资本的国际化整合。

（4）全面预算与成本控制水平。

油藏经营管理模式下的全面预算(以下简称油藏经营全面预算)是指结合
油藏经营管理方案,以产量结构为基础,以定额成本与历史成本法相结合为依
据,按照成本动因理论和零基预算思想编制的集经营预算、投资预算、财务预
算于一体的全面预算。油藏经营全面预算与成本控制水平的高低是影响油气
矿区各企业财务执行与控制的重要因素。全面预算包括三年滚动开发方案和
年度预算,其预算内容有业务量预算、财务预算及资本预算三个方面。其中,
三年滚动开发方案侧重于油气田开发的投资规划,年度预算侧重于各责任主

体的业务量和成本投资预算。

（5）HSE 管理体系构建和实施。

HSE 管理体系的实施将健康、安全、环保的理念引入油气矿区管理中,有利于创造良好的工作环境,保护矿区的自然环境,在保证提高工程质量的前提下,实现环境与区域经济的协调发展。例如,东部某油田通过 HSE 管理,实现对油气勘探、开发、生产全过程的全面控制,降低工程事故发生率,减少对环境的破坏,降低了相应不必要的成本费用支出,提高了成本竞争优势,同时促进了区域经济的可持续发展。

（6）合同模式选择。

石油合同指的是资源国政府同国内外石油公司签订的开采本国资源的一种合作合同,其内容主要包括油气勘探、开发、炼化、销售等几个方面。合同模式不同,石油企业的收益也有很大区别。当前中国三大国有石油公司在国内采用分地域而治的方式,对外合作方面实行国有石油公司专营权,市场竞争机制未完全引入石油行业,没有实现石油资源的有偿、公平、高效开发利用。没有将油气资源作为一项资产来对待是以上问题存在的重要原因,缺乏科学的合同模式。因此,正确的合同选择是油气矿区供应链成本管理的重要内容。

（7）供应链效率测评与提升。

作为一种集成的管理思想和方法,供应链管理实现从供应商到最终用户的管理和控制职能,将供应链各个环节作为一个整体,追求供应链效率最高的目标。一方面,随着油田企业向精细化、专业化生产经营方式转变,市场反应速度成为形成企业核心竞争力的重要因素,但是由于我国石油企业的战略性重组改革及历史原因,油田企业物资供应链管理在供应链效率、供应商管理与供应链信息支撑技术方面还存在诸多不足;另一方面,由于历史原因及发展实际,供应链管理在引入油田企业的应用过程中效率低下,亟待提升。因此,油气矿区供应链成本管理过程中需要将供应链效率的测评与提升作为考虑的重要因素。

5.2.2.3 油气矿区供应链战略成本动因对区域经济发展的影响分析

战略成本动因的作用机理指的是其通过一定的传导中介直接或间接地诱导油气企业成本发生或形成的过程。战略成本动因对企业成本的作用方式有很多,通常有累计产量、协同作用、复杂程度、交易频率、创新动力、资源供应、交通便利程度等。油气矿区供应链战略成本动因作用机理分析就是为了充分利用有利动因的影响,规避不利动因的影响,提高油气矿区的竞争优势,促进

区域经济的协调发展。战略成本动因对矿区供应链成本的作用机理一般模型
如图5.4所示。

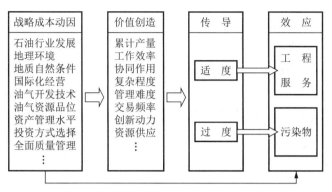

图 5.4　战略成本动因作用机理一般模型

　　为了达到科学把握影响油气矿区供应链成本的各个要素的最终目的,必
须对矿区供应链战略成本动因进行分析与控制,其目标体系包含三个层次:第
一,通过成本动因分析与控制,结合战略选择,提升成本优势,提高成员企业竞
争力,增强区域资源禀赋;第二,充分考虑资源、成本、数量、价格之间的相互关
系,实现油气矿区供应链企业利润最大化;第三,将完善生产经营和业务过程
作为焦点,以成员企业为控制核心,以该供应链成本发生基础条件为措施,实
现油气矿区成本降低,促进区域经济发展。确定了目标体系之后,在此基础之
上进一步明确油气矿区供应链的战略成本动因分析目标,掌握战略成本动因
对油气矿区供应链的作用机理,寻找对区域经济发展起关键作用的成本动因。

　　正确认识战略成本动因对供应链成本的作用机理并合理利用它,能够有
效地降低企业成本,推动区域经济的可持续发展;反之,将使油气矿区成员企
业面临更多的生产经营风险,不利于油气矿区产业协调,进而威胁区域经济的
健康发展。在战略成本动因分析过程中需要正确认识战略成本动因的作用,
为实现油气企业成本降低提供有效途径,同时在正确认识油气矿区与区域经
济互动关系的基础上,为成员企业制定科学发展战略寻找突破口。

5.2.3　油气矿区供应链战术成本动因分析及对区域经济发展的影响

5.2.3.1　油气矿区供应链战术成本动因分析

与传统企业的成本动因分析相比较,油气矿区供应链成本动因具有一定

的特殊性,成员企业比较多。本研究将油气矿区供应链作为一条完整的作业链,并将其上成员单位作为单独的作业,如物资供应企业、油气开采企业、集输企业等多个作业,对供应链成本的内容进一步发展,划分为生产成本、交易成本、环境成本、物流成本、社会责任成本五项内容。考虑到油气矿区供应链成员企业生产经营的特殊性,生产成本中的项目是针对具体节点企业而言的,如油气开采成本针对的是油气开采企业,炼油成本针对的是炼油企业;其他四项成本则是供应链上各个节点企业都会发生的成本,需要分摊到各个企业。通过深入分析供应链成本发生的机理,明确各项作业动因和资源动因,寻找供应链价值增值的途径。

(1)生产成本。

生产成本即直接生产和劳务成本,主要包括油气开采成本、集输成本、炼油成本、化工成本和销售成本五部分。下面对其中的两部分成本进行分析。

① 油气开采成本。油气开采成本是供应链中油气开采企业发生的重要成本,涉及驱油系统、采油过程、作业系统等,其中占比较大的项目是油田维护费、储量有偿使用费、注水费、折旧费、井下作业费、动力费、油气处理费、材料费等。其成本的发生同产油量成正相关关系,油气产量增加时,开采成本随之增加。在同一油气区块,油气开采企业产油量与井数的多少有着直接的关系。一般而言,井数越多,产油量越大,相应的油气开采成本支出就越高;相反,则成本支出较少。除了井数以外,储量也是影响油气开采成本的重要因素,储量越大,油气开采支出就越多。因此,井数是供应链油气开采环节的核心作业成本动因,同时储量也是一项重要的作业成本动因。

② 集输成本。在矿区供应链中,油气集输环节是继油气开采之后的重要生产阶段,是把分散的原油集中、处理并使之成为油田产品的全过程。集输系统的成本费用主要有材料费、电费、维修费、药剂费、水费等。集输系统主要的工作内容是收集各油气开采企业生产的原油,然后输送到供应链下游企业,因此输送量(即吨油产量)是影响集输成本的最主要因素。供应链上游油气开采企业的产量越高,集输企业的输送量就越大,相应的各项费用支出就越高;相反,产量越低,则集输企业的相应成本就会减少。综上,产量是集输成本的核心作业成本动因。

(2)交易成本。

交易成本主要包括搜寻成本、谈判及签约成本、履约成本、信息成本等内容。油气矿区供应链节点企业之间发生交易往来,伴随大量交易成本的发生。进行成本的归集完善,寻找共同的成本动因,便于交易成本的科学分配。

① 搜寻成本。搜寻成本支出一般在油气矿区供应链形成阶段及更换合作伙伴阶段占的比重相当大,其合理性是影响企业今后合作伙伴选择的重要因素。搜寻成本一般具有一定的周期性,相关信息集中于矿区供应链上的企业中,成本发生在寻找合作伙伴以及建立合作关系时。搜寻成本的发生与搜寻次数有关,合作伙伴更换越频繁,搜寻成本越高;相反,则越低。因此,搜寻成本的核心资源成本动因是搜寻周期。

② 谈判、签约成本。油气矿区供应链上交易双方会尽可能完善合同的细节以避免受未来不确定因素的不利影响,这也会造成谈判、签约成本的增加。由于双方信息沟通和协调需要时间和人员参与,谈判次数越多,花费的时间越长,人事费用等支出随之增加,最终导致谈判、签约成本支出提高。因此,次数、周期是谈判、签约成本的资源动因。

③ 履约成本。油气矿区供应链上的企业为避免交易对方不按照合同的要求履行职责而使自己遭受重大损失,会采取相应的措施监督合同的执行,在这一过程中发生的交通费用、人力成本和物力成本等增加了企业的交易成本。履约成本的发生与次数有关,增加对相关企业的监督力度必会引起相关费用的增长,因此可将次数和周期作为履约成本的资源动因。

（3）环境成本。

环境成本主要包括环境维持成本、环境补偿成本、环境治理成本、环境发展成本、环境事业费等。将环境成本纳入油气矿区供应链成本管理可以增强企业的环境保护意识,实现区域经济的可持续发展。

① 环境补偿成本。供应链上的石油开采企业的最主要业务是从地下开采资源,地面的设备和作业会对地表的生态环境造成一定程度的破坏,其环境补偿成本支出主要针对的是地表植被恢复和环境保护,因此临时占地面积成为衡量环境成本支出的重要影响因素。临时占地面积越多,最终所需要支付的恢复费用就越高,环境补偿成本支出越大。因此,临时占地面积应该成为环境补偿成本的重要资源动因。

② 环境治理成本。环境治理成本主要包括环境治理过程中的固定资产折旧、维修费、人工费、电费以及各种材料消耗等各项费用支出。油气矿区供应链企业治理三废的费用支出是环境治理成本的重要内容,因此环境治理成本同三废排污数量存在直接关系。三废排污数量越大,为了达标而产生的成本支出就越多,相应的环境治理成本越大;反之,则越低。因此,三废排污数量应为环境治理成本的重要资源动因。

（4）物流成本。

物流成本主要包括采购成本、仓储成本、运输成本、配送成本。物流成本作为矿区供应链成本管理的重要内容，科学地选择成本动因，对优化供应链成本结构、实现价值增值具有重要的意义。

① 采购成本。采购成本主要包括原材料费、运杂费、保险费、采购部门人工和差旅费、效率成本、资金占用成本、风险成本等。要真正做到对采购成本的全面控制，仅靠自己内部的努力是不够的，还应该对供应商的成本状况加以了解，油气矿区供应链成本管理也应对各关联企业的采购进行综合考虑。

企业物资的采购规模是首先要考虑的重要因素，采购量越大，各项费用支出就越多，采购成本也就越大。同时，采购原料的体积空间也是需要加以考虑的因素，体积空间越大采购成本越高。因此，采购量和体积空间应作为采购成本的资源动因。

② 配送成本。配送是在经济合理区域范围内对物品进行拣选、加工、包装、分割、组配等作业，并按时送达指定地点的物流活动，是最后也是最重要的作业环节，其主要成本支出为运输成本和人工成本。配送活动主要的影响因素是运输距离，同时，运输频率也是应考虑的重要因素。距离越远、运输次数越多，相应的成本支出就越多，最终整个供应链成本支出上升。因此，将运输距离和次数作为成本动因分析的资源动因。

（5）社会责任成本。

社会责任成本主要由人力资源成本、自然资源耗用成本和土地使用成本等组成。人们逐渐认识到，企业承担社会责任成本能够保证区域经济的可持续发展，意义重大。油气矿区供应链引入社会责任成本有助于社会发展模式的优化，促进区域经济健康稳定发展。

① 人力资源成本。人力资源成本主要包括取得成本、开发成本、使用成本等，它通过定量方法来反映人力资源管理和员工的行为所引起的经济价值。人力资源成本分析与控制有利于组织目标的实现，从而创造最佳的经济和社会效益。油气矿区人力资源成本主要通过工时加以衡量，单位时间内薪酬一定的情况下，工作时间越长人力资源成本支出越大。因此，人力资源成本的资源成本动因是人工工时。

② 自然资源耗用成本。自然资源耗用成本包括探矿使用费、采矿使用费、资源税、矿产资源补偿税、石油特别收益金等，用来衡量自然资源在经济活动中被利用消耗的价值。由于石油资源等不可再生资源具有一次消耗性质，自然资源耗用成本支出主要通过其储量来加以确定。油气矿区的油气资源储量

越高,经济活动所持续消耗利用的自然资源就越多,则相关企业所要承担的自然资源耗用成本就越高;相反,则越低。因此,将储量作为自然资源耗用成本的资源动因。

结合油气矿区供应链特点,将供应链战术成本划分为三级成本,各层次成本动因分析如表 5.1 所示。

表 5.1 油气矿区供应链战术成本动因分析表

二级成本构成	三级成本构成	作业或资源成本动因
供应链生产成本(C_1)	油气开采成本(C_{11})	储量、井数
	集输成本(C_{12})	产量
	炼油成本(C_{13})	产量
	化工成本(C_{14})	产量
	销售成本(C_{15})	人工工时、销售量
供应链交易成本(C_2)	搜寻成本(C_{21})	周期
	谈判、签约成本(C_{22})	次数、周期
	履约成本(C_{23})	次数、周期
	信息成本(C_{24})	次数
供应链物流成本(C_3)	采购成本(C_{31})	采购量、体积空间
	仓储成本(C_{32})	库存量
	运输成本(C_{33})	运输距离
	配送成本(C_{34})	运输距离、次数等
供应链环境成本(C_4)	环境维持成本(C_{41})	购置设备数量
	环境补偿成本(C_{42})	临时占地面积
	环境治理成本(C_{43})	三废排污数量
	环境发展成本(C_{44})	人工工时
	环境事业费(C_{45})	人工工时
供应链社会责任成本(C_5)	人力资源成本(C_{51})	人工工时
	自然资源耗用成本(C_{52})	储量
	土地使用成本(C_{53})	土地面积

5.2.3.2 油气矿区供应链战术成本动因对区域经济发展的影响分析

油气矿区供应链战术成本动因分析将油气矿区供应链看作一条作业链,将每个节点企业作为链上的一项作业,通过三级成本内容的分析,寻找关键资源动因和作业动因,达到控制供应链整体成本、优化资源配置、实现产业集聚、促进区域经济可持续发展的目的。

对油气矿区供应链战术成本动因进行识别和分析,可以把握成员企业在矿区供应链中的成本地位,明确形成和变化特点,寻找实现供应链成本管理的合理手段。正确地认识战术成本动因并加以重视,在优化的基础上,能够促进同区域经济的互动,减少节点企业的资源消耗和环境成本支出,实现区域经济的可持续发展模式。如果忽视战术成本动因分析与控制的重要作用,只依靠战术成本动因追求单个节点企业自身的发展,则会造成油气矿区供应链上企业成本管理的低效,最终影响区域经济的健康发展。

环境成本和社会责任成本的引入促使供应链企业重视对资源和环境的保护,这无疑会引导供应链企业对区域经济的可持续发展做出贡献。资源、环境成本补偿机制的建立,将资源、环境成本纳入企业的生产成本,迫使自然资源的利用效率不断提高,稀缺资源的配置和利用合理化,保证了资源保护、科学研发的资金积累,促进了区域经济的生态高效发展,具有非常重大的意义。

对油气矿区供应链的战术成本动因进行分析的最终目的是将其充分运用到油气矿区供应链管理当中,尽可能解决油气矿区供应链存在的低效问题,发展成员企业的成本竞争力,最终实现区域内经济的可持续发展。战术成本动因是与油气矿区生产作业紧密相连的,主要包括产液量、开井数等。只有将经过深入分析、比较、整理后的成本历史数据与当前生产数据密切联系起来,才能发挥战术成本动因分析对油气矿区供应链管理的积极作用。同时,通过分析战术成本动因,可以强化关联企业间的联系,使各成员企业充分认识自身在区域经济中的角色,进一步推动油气矿区供应链的优化升级。

战术成本动因与战略成本动因分析的内容是不同的。战术成本动因对油气矿区供应链的增值动因和不增值动因进行了区分,并从资源和作业两个角度深入分析了供应链的成本动因,通过对各种性质的动因进行合理选择来提升油气矿区供应链的运行效率,促使油气矿区供应链价值增值,并进一步带动区域内经济的发展。首先,企业通过分析资源动因揭示作业要素,可以明确自身生产经营的需要;其次,通过分析作业要素以及作业成本之间的关系,对生产经营过程中必要的资料、需要节约或重新配置的资源等进行合理区分;最后,结合以上过程选择合适的方法来降低作业消耗的资源,降低作业成本,提高作业效率。油气矿区的各成员企业之间密切联系,油气矿区供应链也被视为一个整体,各成员企业利用资源动因分析和作业动因分析,可以达到获取生产信息、了解自身资源结构、促进产业升级的目的,最终促进油气矿区供应链的整体发展。

5.3　构建揭示油气矿区供应链价值增值路径的供应链分析模型

5.3.1　油气矿区供应链价值增值揭示模型的构建目标与原则

5.3.1.1　油气矿区供应链价值增值揭示模型的构建目标

目前国内少有学者运用数学模型对整个油气矿区供应链进行综合的优化研究。本研究运用线性规划理论,采用作业成本法和目标成本法,构建油气矿区供应链价值增值揭示模型。构建此模型旨在实现的目标如下:

(1)揭示油气矿区供应链价值增值路径。准确反映关键路径上的各成本要素,建立矿区供应链成本与成本动因之间的关联关系,寻找成本控制的方法,追求供应链总成本和节点企业成本最小化,实现供应链的价值提升、流程优化和作业改进。

(2)揭示油气矿区供应链价值增值与区域经济发展的关系。通过对影响供应链成本的因素的分析,改变成本要素投入的方式和方法,采取成本控制措施最大限度地降低成本,形成成本优势,实现供应链价值的大幅提升,并分析其对矿区生态高效区域经济发展的影响。

(3)油气矿区供应链价值增值模型的管理应用。通过前述分析,参与矿区调研,获取现场数据,采取实证与理论研究的方法,利用优化思想对数据进行模拟应用,通过数据来进行论证。

5.3.1.2　油气矿区供应链价值增值揭示模型的构建原则

构建油气矿区供应链价值增值揭示模型时需要遵循一些原则,这些原则有全面性原则、系统优化原则、可行性原则和可操作性原则。

(1)全面性原则。油气矿区供应过程中产生的成本会受到诸如相互影响、相互制约的经营活动和技术等方面的影响,可以说是一项具有综合性质的价值指标。因此,应当将重点放在降低供应链所有环节的总成本而非中间环节的局部成本上,否则以损害整体经济利益为代价而降低的成本是无法达到有效成本控制和整体效益最优的目的的。建立油气矿区供应链价值增值揭示模型是为了全面反映成员企业的生产情况和运营状况,而当前该模型中仅结合了财务指标,非财务指标在经营管理中的作用并没有得到体现。由于财务因素和非财务因素都能够影响供应链管理绩效,因此供应链成员企业业绩评价指标体系中不仅需要包含财务指标,还应当包含同样重要的非财务指标,如营运指标和环境指标等。

(2)系统优化原则。油气矿区供应链价值增值揭示模型在构建时,需要考虑矿区供应链的整体战略。成员企业必须充分利用其与上下游企业间的关系,密切联系供应链整体体系,将自身作为供应链上的某一节点来看待,并充分意识到单一企业是不具备供应链特性的。因此,供应链价值增值揭示模型必须严格遵循系统优化原则,成员企业应在把握整体供应链特性的前提下考虑企业自身的特点,避免因小失大。

(3)可行性原则。构建模型最重要的是可行,供应链价值增值揭示模型必须能够运用到实践中,这样才能体现其构建目的。因此,模型体系设计时不仅要保证模型易于构建,还要考虑所需数据是否便于收集,而且必须保证全面、客观、科学,切忌仅追求模型简略,应尽可能做到繁简得当。

(4)可操作性原则。供应链价值增值揭示模型的可操作性是正常使用该模型的关键,可操作性低的模型无法成功获取数据用于企业经营绩效评价,更无法揭示供应链管理与企业绩效之间的关系。因此,设计模型及其指标体系时不能对其他成本评价模型照搬照抄,还需要考虑成员企业所在国家或地区的整体现状和其自身的具体状况。

5.3.2 油气矿区供应链价值增值揭示模型的构建

通过对油气矿区供应链成本动因的分析,构建了供应链价值增值揭示模型,该模型是在油田生产、原油集输、炼化生产、分销模型以及一般供应链优化模型的基础上,形成的创新性油气矿区供应链数学分析模型。该模型力求降低各成员成本以及供应链总成本,从而揭示矿区供应链价值增值路径,同时这一路径也揭示了价值创造和效率提升的过程。

5.3.2.1 模型假设

假设一:油气矿区供应链上各参量变化都是确定性的。

假设二:油气矿区供应链各成员企业原油生产和加工能力充分。

假设三:油气矿区供应链各成员企业运输能力无限。

假设四:油气矿区供应链物资供应和油气产品供应有保障。

5.3.2.2 模型标识

T——时间周期,$t \in T$;

A——供应商;

E——油气开采企业集合；

T——集输公司集合；

R——炼化企业集合；

P——化工企业集合；

D——销售公司集合；

B——用户；

s——供应链上的成员企业，$s \in \{A, E, T, R, P, D, B\}$；

r——运输方式。

该模型可以简单描述为：在 t 时期，油气矿区供应链网络是由 $A, E, T, R,$ P, D, B 共同组成和参与的。

5.3.2.3　模型构建

油气矿区供应链价值增值揭示模型是在目标总成本函数的基础上，构建供应链生产成本函数、供应链交易成本函数、供应链物流成本函数、供应链环境成本函数和供应链社会责任成本函数。供应链各成本函数需要在综合分析影响成本发生的成本动因的基础上进行设计，将供应链成本与成本动因相联系，在此基础上形成供应链目标总成本函数。

（1）供应链生产成本函数。

供应链生产成本（C_1）主要包括油气开采企业发生的油气开采成本（C_{11}）、集输公司发生的集输成本（C_{12}）、炼化企业发生的炼油成本（C_{13}）、化工企业发生的化工成本（C_{14}）和销售公司发生的销售成本（C_{15}）。

$$C_1 = \sum_i \sum_t C_{it} Q_{it} + \sum_t C_t Q_t + \sum_j \sum_t C_{jt} Q_{jt} + \sum_k \sum_t C_{kt} Q_{kt} +$$
$$\sum_j \sum_k \sum_t \left[(C_{jt} + C_{kt}) \times Q_{jkt} + (C_{jt}' + C_{kt}') \times H_{jkt} \right]$$

主要变量和参数描述如下：

C_{it}——t 时期井 i 吨油开采成本；

Q_{it}——t 时期井 i 储量水平；

C_t——t 时期吨油集输成本；

Q_t——t 时期原油集输能力（产量）；

C_{jt}——t 时期生产吨油产品 j 单位炼油成本；

Q_{jt}——t 时期生产吨油产品 j 的产量；

C_{kt}——t 时期生产吨油产品 k 单位加工成本；

Q_{kt}——t 时期生产吨油产品 k 的产量；

Q_{jkt}——t 时期产品 j 或产品 k 的销售数量；

C_{jt}^l——t 时期销售吨油产品 j 所耗单位人工成本；

C_{kt}^l——t 时期销售吨油产品 k 所耗单位人工成本；

H_{jkt}——t 时期产品 j 或产品 k 所耗人工工时。

（2）供应链交易成本函数。

供应链交易成本（C_2）主要考虑了各个节点企业与供应链上其他企业生产经营中所发生的交易成本，主要有搜寻成本（C_{21}）、谈判及签约成本（C_{22}）、履约成本（C_{23}）和信息成本（C_{24}）。

$$C_2 = \sum_s \left(\sum_t wc_t^1 h_d + \sum_t wc_t^2 h_d n_{次} + \sum_t wc_t^3 h_d n_{次} + \sum_t wc_t^4 n_{次} \right)$$
$$s \in \{E, T, R, P, D\}$$

主要变量和参数描述如下：

$wc_t^i (i = 1, 2, 3, 4)$——分别指寻找供应商每天消耗成本、单位谈判及签约成本（次·天）、单位履约成本（次·天）、信息每次在供应链企业间传递的单位成本；

h_d——天数；

$n_{次}$——次数。

（3）供应链物流成本函数。

供应链物流成本（C_3）主要考虑了供应链中各个节点企业运输原材料或产品的所有物流成本，主要包括采购成本（C_{31}）、仓储成本（C_{32}）、运输成本（C_{33}）和配送成本（C_{34}）。

$$C_3 = \sum_s \left(\sum_t mc_t^{A,s} V_t^{A,s} + \sum_t mc_t^s V_t^s + \sum_r \sum_t C_{rxyt}^s V_{rxyt}^s + \sum_r \sum_t C_{rt}^{A,s} V_t^{A,s} \right)$$
$$s \in \{E, T, R, P, D\}$$

主要变量和参数描述如下：

$mc_t^{A,s}$——t 时期供应链 s 企业向供应商 A 的物资单位采购价；

$V_t^{A,s}$——t 时期供应商 A 向 s 企业运送物资的数量；

mc_t^s——t 时期供应链 s 企业单位库存成本；

V_t^s——t 时期 s 企业库存数量；

C_{rxyt}^s——t 时期 s 企业以 r 方式在供给点 x 到需求点 y（x, y 是相邻两成员企业）之间运送物资或油气产品的单位运输成本；

V_{rxyt}^s——t 时期 s 企业以 r 方式在供给点 x 到需求点 y（x, y 是相邻两成员企业）之间运送物资或油气产品的数量；

$C_{rt}^{A,s}$——t 时期 A 企业以 r 方式向 s 企业运送物资的单位运输成本。

（4）供应链环境成本函数。

供应链环境成本（C_4）主要考虑了维持整个油气矿区良好的环境所发生的环境维持成本（C_{41}）、环境补偿成本（C_{42}）、环境治理成本（C_{43}）、环境发展成本（C_{44}）和环境事业费（C_{45}）。

$$C_4 = \sum_s \left(\sum_t nc_t^1 n_台 + \sum_t nc_t^2 g + \sum_t nc_t^3 L + \sum_t nc_t^4 h_\mathrm{d} + \sum_t nc_t^5 h_\mathrm{d} \right)$$
$$s \in \{E, T, R, P, D\}$$

主要变量和参数描述如下：

$nc_t^i (i = 1, 2, 3, 4, 5)$——分别指为维持环境购置资产支出、为环境所付出的赔偿支出、为治理环境所发生的支出、为环境可持续所付出的成本和为进行环保事业所发生的支出；

$n_台$——购置资产设备的数量；

g——环境补偿临时占地面积；

L——三废排污数量。

（5）供应链社会责任成本函数。

供应链社会责任成本（C_5）体现了整个油气矿区供应链中除环境成本以外的其他社会责任成本，主要考虑为承担社会责任所发生的人力资源成本（C_{51}）、自然资源耗用成本（C_{52}）和土地使用成本（C_{53}）。

$$C_5 = \sum_s \left(\sum_t bc_t^1 h_\mathrm{d} + \sum_t bc_t^2 L' + \sum_t bc_t^3 g' \right)$$
$$s \in \{E, T, R, P, D\}$$

主要变量和参数描述如下：

$bc_t^i (i = 1, 2, 3)$——分别指承担社会责任所付出的人力资源单位成本支出、自然资源耗用单位成本支出、土地使用单位成本支出；

L'——自然资源消耗量；

g'——土地面积。

（6）供应链目标总成本函数。

基于成本动因分析的油气矿区供应链价值增值揭示模型是将各个阶段发生的成本集中优化管理，目标是改变供应链各成员企业各自分立的低水平经营，从整体上优化供应链各个环节的成本，真正实现价值增值，最终提高对客户的服务水平。油气矿区供应链总成本包括供应链生产成本、供应链交易成本、供应链物流成本、供应链环境成本和供应链社会责任成本，因此总目标函数可以表示为：

$$\mathrm{Min}\, Z = C_1 + C_2 + C_3 + C_4 + C_5$$

模型约束条件为：

$$
\begin{cases}
G_s \geq V_t^s \geq 0 \\
C_{it},\, C_t,\, C_{jt},\, C_{kt},\, C_{jt}',\, C_{kt}',\, mc_t^{A,s},\, mc_t^s,\, C_{rxyt}^s,\, C_{rt}^{A,s} \geq 0 \\
wc_t^i \geq 0\,(i=1,2,3,4);\, nc_t^i \geq 0\,(i=1,2,3,4,5);\, bc_t^i \geq 0\,(i=1,2,3)
\end{cases}
$$

其中，G_s 为供应链各成员企业最大库存量。

5.3.3　油气矿区供应链价值增值揭示模型的管理应用

油气矿区供应链价值增值揭示模型是在供应链理论和成本动因分析法的基础上构建的，其目的是揭示油气矿区整体供应链的价值增值路径。

油气矿区供应链价值增值揭示模型在实际管理中的应用，首先是将供应链思想贯穿于整个油气矿区，建立起自上而下的供应链整体决策与生产协作观念，并树立自下而上的执行实施和控制反馈机制。油气矿区供应链建立的最大优点是实现了整个供应链的价值增值和成本控制最优。在具体的操作过程中，不但需要各节点企业的管理者们树立以供应链整体利益最大化为主的决策观念，还需要实际生产运营中所有参与人员的认真贯彻执行。良好的控制和反馈机制是实现供应链价值增值的有效保证措施，可以最大化地提升企业的执行力，减少操作过程中的失误或执行不力，使油气矿区供应链的价值增值路径真正落实到生产经营中去。

其次，各个节点企业能够准确汇总实际发生的成本，并按照不同成本的概念准确地归集到生产成本、交易成本、物流成本、环境成本和社会责任成本中去，将生产经营活动中发生的直接成本和间接成本按照合理的分配标准或是采用作业成本法确定合理的分配依据进行分配。在这个过程中，要充分考虑油气矿区各企业生产经营的特点，区别对待，不拘泥于形式，合理正确地反映其成本发生的实质。

第三，进一步深入分析成本发生的动因，其中包括成本形成的原因、变动及影响因素。对于单一成本来说，虽然其动因受多种因素影响，但只需抓住主要成本动因进行分析控制，这样能更合理有效地反映成本的实质。此外，在分析动因时，也要考虑到产能设计是整个油气矿区的成本动因。大多数矿区的成本与目标产量有很大关系，尤其是在国内原油供不应求的环境下，各矿区大都在追求高产能或增产稳产。原油产量的目标需求与生产能力之间的矛盾意味着大量资金、人力的投入，这会造成成本的增加。

第四，在揭示成本发生的实质并可靠计量之后，按照油气矿区供应链价值增值揭示模型计算出目标总成本。以此目标总成本作为标准成本管理的基础，与实际总成本比较，对其成本动因展开深入的剖析，找出成本增加幅度大而价值增加较少的环节，或是根本没有价值增值的环节。在这个过程中不能只考虑单个企业的成本变化情况，要对整个价值链的成本变化进行统筹分析，考虑节点成本的增加是否利于供应链总成本的降低，避免单个企业为了降低自身的成本而导致供应链总成本增加的情况出现。

最后，在找到未合理实现价值增值的环节时，要通过成本控制和转移等手段提出可行性较高的应对措施，以提高矿区的成本管理效率，最终实现矿区供应链的价值增值。

此外，在价值增值揭示模型中还加入了时间周期函数，使用这一函数的目的不仅仅在于反映静态的油气矿区供应链的价值增值，更重要的是从矿区演变的角度动态揭示成本变化等因素对价值链的影响。这就要求在价值增值过程中不断适应新变化，充分考虑时间周期对于供应链的影响，不断修正，从而真实地揭示一条油气矿区可持续良性循环发展的价值增值路径。

<table>
<tr><td>第 **6** 章</td><td>基于区域经济发展的集成化
油气矿区供应链成本控制体系</td></tr>
</table>

6.1 供应链管理模式对成本控制的新要求

6.1.1 供应链管理是一种集成化管理模式

供应链管理是一种集成的管理思想和方法,涉及供应链中从上游供应商到客户的物流计划和控制等职能。供应链管理注重节点企业之间的合作,并把它们集成起来以增强整个供应链的效率。传统的管理模式以职能部门为基础,但由于职能矛盾、利益目标冲突、信息分散等原因,各职能部门无法完全发挥其潜在效能,因而很难实现整体目标最优。而供应链管理把供应链中所有节点企业看成一个整体,以供应链的流程为基础,物流、信息流、价值流、资金流、工作流贯穿于供应链全过程。要实施供应链管理,并使其真正成为有竞争力的战略武器,就应将供应链上各个企业之间的各种业务看作一个整体,形成一个高效的供应链管理体系。在不断集成过程中,供应链的发展一般要经历四个阶段,即初始构建阶段、职能集成阶段、内部集成阶段、外部集成阶段。上述四个阶段的集成完成以后,会构成一个网络化的企业结构,从而实现各种资源的集成和优化以及对企业内外的动态控制,力求达到整个供应链全局的动态最优。

6.1.2 供应链管理追求总成本最小化

供应链管理优化了供应链的运作,以最少的成本,使供应链从上游采购开始到满足最终客户的所有过程,包括工作流、物流、资金流和信息流等均能高效操作,把合适的产品以合适的价格及时、准确地送到客户手中。供应链成本把对成本有影响和在产品满足客户需求的过程中起作用的每一方面都考虑在内。供应链管理的目的在于追求效率和使整个系统的总成本最小,因此供应链管理的重点不在于简单地使运输成本达到最小或减少库存,而在于用系统方法来进行供应管理。

6.1.3　加强油气矿区供应链成本控制的必要性

油气矿区供应链是以油气开发为核心任务,融合油气开采企业、物资供应商、工程技术服务公司(地质、勘探、钻井等)和炼化企业、集输企业、销售企业等成员企业的产业链条。油气矿区供应链与其他产业的供应链不同,它具有生产环节多、投资大、风险高、集团内各生产部门独立性强、易受政府行为影响等特点。由于通用的供应链管理模型和供应链成本管理模型难以有效地运用到油气矿区供应链各个环节,因此需要建立一个油气矿区供应链成本管理体系,用来实现企业效益和社会效益的协调优化,即实现尽可能低的资源消耗、尽可能高的产品质量、尽可能短的市场响应时间。供应链成本控制作为供应链管理的重要组成部分,是传统成本控制对竞争环境变化所做的一种适应性变革,可以缩短企业市场响应时间、尽可能降低资源消耗并提高产品质量。随着经济可持续发展理念深入人心,基于可持续发展的油气矿区供应链成本控制已经引起企业高层乃至政府越来越多的关注。石油产业作为国民经济的支柱产业,为社会创造了丰富的物质财富,但油气资源是不可再生资源,同时也易对环境造成污染,威胁人类的健康和生态平衡。为了解决这些问题,我们将经济可持续发展的理念引入供应链的构建过程中,基于区域经济可持续发展的供应链模式就应运而生了。可持续发展理念的引入有利于油气环境的保护,从而帮助供应链上的企业减少或避免因环境问题而产生的罚款,维护了企业良好的社会形象,这对中国的石油企业来说有着重大的现实意义。

综上所述,基于区域经济可持续发展的供应链可最大限度地提高资源利用率,减少资源消耗,从而直接降低成本;可减少或消除环境污染,从而减少或避免因环境问题而产生的罚款;可减少企业成本,维护企业良好的社会形象,为企业增添无形资产,是现代社会可持续发展的有效途径。

6.2　集成化油气矿区供应链成本控制体系的设计

6.2.1　集成化油气矿区供应链成本控制体系设计的目标和原则

6.2.1.1　集成化油气矿区供应链成本控制体系设计的目标

随着供应链观念深入人心,人们渐渐意识到成本控制并不是简单追求局部成本的最优,而是一种在局部成本优化的基础上追求综合整体成本目标最优的过程。因此,成本控制体系是一个应用集成化管理理念的管理体系,其核心是运用集成的思想和理念指导管理实践。具体是指利用信息技术,以系统论为基础,以系统整体优化为目标,将特定系统的若干要素联结在一起成为一个统一整体,综合性地解决管理系统问题的过程。油气矿区供应链管理集成化就是要克服现行供应链管理中条块分割、各自为政的弊端,打破各职能部门之间明确的界限,将业务单位和生产过程视为一个有机整体,充分利用各种共享资源,如信息、人员、流程和技术等,力图集成计划、生产、考核和评价,从而实现各部门之间高效率、低成本协同运作,并通过管理优化实现集成体管理效果的螺旋上升。

管理集成化的目标,就是借助于计算机网络系统实施企业经营管理流程的集成化整合,构建油气矿区经营管理集成平台,使矿区全过程直接处于统一监控之中,从而克服油气矿区高分散、低集成管理模式的弊端,实现各集成要素的优化匹配,确保油气矿区油藏开发管理效率和效益的提升以及战略的有效实施。

因此,在集成化思想指导下,实现油气开采企业经营管理集成化,从而建立起面向供应链的集成化成本控制系统是非常必要的,这对于油气开采企业经营管理水平的提高和可持续发展具有重大意义。

6.2.1.2　集成化油气矿区供应链成本控制体系设计的原则

在集成化油气矿区供应链成本控制体系的设计过程中要遵循一定的原则:

(1)全面性原则。全面性体现着全过程、全员、全方位、全要素,技术与经济相结合、责权利相结合以及经济效益原则。油气矿区供应链成本控制体系应是对产品经济全寿命周期全过程的控制,全面性原则的要求意味着调动和提升全员成本控制的意识,兼顾利益与区域经济的可持续发展,加强企业全部的费用控制管理,落实责任中心的分级归口管理等。

(2)相互协调原则。和谐是供应链成本控制至关重要的条件。进行成本控制时经常会涉及供应链上各部门的利益,各部门之间难免出现矛盾,这就要求各部门之间密切配合、共同努力、相互协调,这样才能达到最佳的成本控制目标。因此,只有建立战略伙伴关系、保证供应链各部门间的协调,才能使成本控制体系达到最佳效果、发挥最佳效能。

(3)精细化管理原则。石油企业成本控制必须走精细管理的路线,摒弃过去的粗放式管理模式,明确责任,将责任、压力传递到底,完善员工的监督考核,通过员工自身责任感的增强和创造力的激发,从源头有效降低成本,提高效益。

（4）及时性原则。信息反馈的及时性是成本控制系统高效运行的关键。在动因改变需及时调整成本控制过程的情况下,没有及时的信息反馈是不行的,这个过程中还要克服由于供应链系统的复杂而可能导致的需求信息的扭曲,增加透明性,减少非必要环节,减少信息延迟和失真,提高预测的精确度和实效性,最终形成快速响应市场的能力。

（5）经济效益原则。加强成本控制最主要是为了降低成本,提高经济效益,但是成本效益的提高不仅仅依靠降低成本,而更希望实现以较少的消耗取得最佳经济效益。成本控制不仅要重视产品成本数量上的降低,还应关注产品的质量和产量,因为即使成本总量不变,产品的质量和产量提高了,收入也会相应增加,单位收入所负担的成本也就相对降低了。

（6）创新性原则。创新管理模式的产生需要创新的思维,要敢于用新的视野审视原有的管理模式和体系。首先,创新要与企业总体战略目标保持一致;其次,创新的落脚点是市场需求;再次,要充分重视员工的创造性和企业间的协同合作,充分发挥供应链的整体优势;最后,建立科学的供应链项目评价体系及组织管理系统,进行技术经济分析和可行性论证。

6.2.2　集成化油气矿区供应链成本控制体系框架与内容分析

在供应链管理模式下,企业的竞争已然是供应链与供应链之间的竞争,产品成本控制模式已经转变为从原材料开始直到最终用户为止。设计集成化油气矿区供应链成本控制体系,应分别从供应链整体、核心企业、供应商、分销商这四个角度给出油气矿区不同时期——供应链组建期、运行成长期、整合升级期和解体期——的成本控制体系,从而构建集成化供应链成本控制体系,如图6.1 所示。

随着价值分工的演进,成本控制逐渐突破了企业边界,从单一企业成本控制转变为由多个企业组成的供应链成本控制。供应链成本理论研究经历了从分销成本到后勤成本,再到供应链成本的发展过程。为了确保区域资源的可持续利用、生态环境的良性循环和经济的持续、健康发展,供应链成本所涵盖的范围逐渐扩大,考虑到了环境成本和社会成本。因此,广义的供应链成本构成应包括生产成本、交易成本、物流成本、环境成本和社会责任成本。相应地,油气矿区供应链成本控制体系设计也主要包括这五个方面。

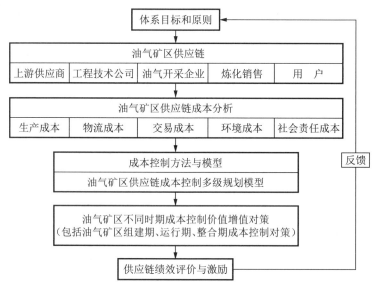

图 6.1　集成化油气矿区供应链成本控制体系

6.2.2.1　油气矿区供应链生产成本控制

油气矿区供应链生产成本是指在油气开采、集输、炼油、化工、销售等过程中直接原材料消耗、设备折旧费、租赁费、自制零部件结转费和直接人工费,包含各环节员工工资及福利等。

对生产成本的控制应采用作业成本法和目标成本法相结合的成本控制方法。作业成本法是从优化产品和服务总成本的角度改造作业和重组作业流程的一种控制方法;目标成本法是协调企业生产经营全过程的资源消耗和配置的一种成本控制方法。两种成本控制方法,前者基于作业流程,后者基于目标成本,最终目的都是优化总成本。因此,在进行作业成本管理的同时,使目标成本管理深入其中,将供应链成本控制在目标成本的范围之内,便能提供一种最优的成本控制方法。

作业成本法和目标成本法相结合的具体步骤:

(1)市场驱动成本的计算。首先,根据市场调查及历史资料,合理预测用户所愿意接受的产品和服务的价格,并推测出销售量;其次,依据企业合理的目标利润率确定企业的成本,即市场驱动目标成本。

(2)分解市场驱动目标成本,结合作业成本法进行成本控制。这包括以下三个部分:

①供应链上游的作业成本控制。根据供应链上游供应商的数量,企业应

该分批次计算采购成本,其中企业确定的作业有:原材料的采购量,原材料的价格及供需情况的调查,供应商信用问题的调查与确定以及收货和资金结算等作业的评估等。与此同时,企业分配给每个采购员若干采购任务,然后根据采购员完成目标成本的情况和作业执行的有效性来考核其经济责任完成情况。

② 企业内部的作业成本控制。企业内部的供应链成本主要是指库存成本以及生产过程中的间接成本。根据作业成本法划分企业内部各个作业,根据成本动因分析消除生产流程中的无效作业,提高维持性作业效率,增强作业间的关联,从而降低成本。基于作业成本法,企业分配给生产人员生产任务,然后根据生产人员完成目标成本的情况和作业执行的有效性来考核其经济责任完成情况。

③ 供应链下游的作业成本控制。供应链下游的作业成本主要是指订货完成成本,包括交易成本、运输成本、服务成本等。涉及的作业包括:通过对购买商资信的调查以及市场销售情况和价格的调查,与购买商就交易各项条件进行磋商,并确定报价以确定购买商,签订销售合同,取得与传递订单,交付产品并提供运输服务,处理退货等。基于作业成本法,企业分配给销售人员销售任务,然后根据销售人员完成目标成本的情况和作业执行的有效性来考核其经济责任完成情况。

（3）评定目标成本的实现程度,进一步预测企业市场驱动目标成本。根据作业成本法计算出的各产品的实际成本应当控制在其市场驱动目标成本范围之内,如有偏差,应从作业层次挖掘成本差异的原因,进而提出改进措施。对于超出的成本要查明原因,确定出现问题的环节及责任人,然后采取控制措施,努力消除无效作业,减少不增值作业,调整不合理作业,提高作业价值,降低成本耗费。因此,在企业生产经营过程中可以通过作业成本管理方法对市场驱动目标成本的实现进行检验和分析,这不仅有利于实现企业的目标成本,而且也为企业制订合理的目标成本提供了依据。

6.2.2.2　油气矿区供应链交易成本控制

油气矿区供应链交易成本有狭义和广义之分。狭义的交易成本是指石油企业在销售产品或服务的过程中所发生的相关费用;广义的交易成本是指在取得资源或者实现产品、劳务价值的过程中所发生的一系列的相关费用,其中包含供需双方为实现交易而进行的谈判、签约、监督合约的履行以及仲裁等费用。

石油企业交易成本按照交易的过程可分为交易前、交易中和交易后三个部分的成本。交易前的成本主要是指在寻找上游生产部门过程中所发生的成本,具体包括寻找原油供应商和订货商、寻找运输方发生的成本、广告费和各种中介费等。交易中的成本主要是洽谈成本和文本成本,具体包括与原油供应商谈判过程中所花费的时间成本、谈判过程中所支出的住宿和餐饮费等、订立合约的文本费等以及在油气勘探和开发过程中与当地政府或者居民进行谈判时所产生的成本等。交易后的成本是指交易完成后,为确保交易的正常进行所产生的成本,主要是监督合同契约执行情况所发生的费用以及由此引发的道德风险成本和诉讼成本等。

实现对油气矿区交易成本的控制,可以从以下几方面进行:

(1)建立油气矿区供应链组织网络。交易成本包括供需双方为实现交易而进行的谈判、签约、监督合约的履行以及仲裁等费用,因此如果企业仅从纯外部单位选择交易对象,则可能会因为交易对象短视的机会主义行为而给企业自身带来巨大的交易成本。这就需要将油气开发与开采企业、物资供应商、石油工程服务单位、炼化企业以及最终用户连成一个整体的功能性网链结构,通过这一结构,上下游企业之间建立起一种长期合作关系,从而避免交易双方的机会主义行为,同时还加强了各企业应对外部市场环境不确定性的能力,提高各企业应对风险的能力和效率。

(2)严格遵守信用规则。社会信用的维持从本质上看是一种降低交易费用的重要手段。从根本上说,信用经济的运行机制是以契约关系为基础保障的。契约成为保障交易进行的基本信用工具,并在此基础上形成了一套适应商品交易的法律制度。企业在交易前应主动了解和搜集交易客户的信用状况和记录,以规避交易中的违约风险。在交易双方都严格守信的情况下,企业的交易成本可以有效降低,从而有利于良好经济秩序的形成。

(3)加强交易过程中的技术管理。无论是物资的采购还是企业产品的销售,加强交易过程中的技术管理可以降低交易成本。例如,在物资采购过程中综合考虑采购成本、订货成本、存货成本,合理制订采购计划可以有效降低交易成本;在产品销售过程中合理选择物流方式也能有效降低交易成本;等等。

6.2.2.3　油气矿区供应链物流成本控制

现代物流通常包括运输、存储、包装、装卸、流通加工、配送和信息等环节。供应链物流成本控制是包括事前、事中和事后对物流成本进行预测、计划、计算、分析、反馈、决策等的全过程的系统控制,具有系统性、综合性、战略性的特点,有较高的控制效率,以保证预期目标的充分实现。

目前我国石油企业虽然通过上下游一体化形成了物流供应链,但是传统的成品油库存管理模式仍然被供应链各个节点企业所使用:首先由终端炼化销售企业制订油库未来一个周期内的进货计划并定时报给上游供应商,然后由上游供应商根据上报的计划平衡炼厂生产计划并组织进货。因此,应该运用现代管理方法和现代技术,使各个环节共享总体信息,把所有环节作为一体化的系统来组织和管理。

供应链物流成本控制的具体方法如下:

(1)重视供应链各节点企业的关系,组建集成化物流组织结构。为保障油田生产建设,需要建立一个部门结构合理、管理层次扁平、职责权限分明、信息沟通快速、作业协调一致的现代物流管理体系。借助物流信息平台建设,解决集中管理和业务分散的问题,建立起集权与分权相结合的物流管理结构。例如,胜利油田平台内实现了供应链物流组织的物流服务外包及物流组织内集约化的运作和管理模式。在物流组织内形成了总调度中心——胜利物流中心,面向各个配送中心统一进行业务调度,并负责对服务网络的持续梳理、优化工作,牵头制定业务运行规范和管理制度,同时负责监督和考核业务运行绩效。各配送中心内部也应按照集中调度和专业操作的原则形成内部集约化的运作模式,以形成专业化分工细化、业务运行高效的运作体系。

(2)加强作业分析与作业重组。作业成本法相较于传统成本法计算的物流成本更客观,能够满足物流成本信息的准确性要求。其基本思路是:在作业成本法下,新的企业观认为物流的每一项工作都是企业作业链中的一个组成部分,物流作业链各环节所有成本之和就是物流成本。企业在进行物流成本核算时首先将物流成本按物流作业进行分类,然后把活动消耗的资源按资源动因计入作业中。在实际操作中,物流成本的计算和控制是基于一个整体的系统的。成本控制以成本的计算为前提,作业成本法提供的成本信息提供了一种认识价值链的手段。

(3)供应链各个环节的物流成本控制。

① 采购过程中的物流成本控制。在实施 ERP(企业资源计划)系统的基础上,建立 SRM(招标、供应商关系管理)、B2B(订单互动、库存协调)、扫描系统(收发货、投入产出、仓库管理、电子标签)、定价支持(定价方案的审批)、全生命周期管理各个环节的控制等信息系统,并使之与 ERP 系统连接。这样用户的信息可同步转化为企业内部的信息,有利于对采购过程进行控制。

② 油气生产配送过程中的物流成本控制。基于经济可持续发展的理念,

为进一步降低配送发生的成本,需要综合考虑采购和物流服务成本,从中获取总成本最优的工作思路,实现从物资采购到配送的全部物流作业环节的集成管理,最终实现对油田物资供应成本的进一步优化。在仓储管理上,建立在多种管理模式(如批号管理、生产日期管理、有效期管理)、多种储位状态(如在库静态储位管理、集货后的动态储位管理、货物运输在途的移动储区管理)和网络化布局下实时、精确定位的库存管理能力,全面实现物资系统的精细化仓储作业和管理模式的建设。对物流中心、物资配送中心等日常业务部门,要求其提供单证信息处理、任务分解、出入库作业、装卸搬运、网络配送等所有物流环节的信息化作业支持,并对各物流环节的运行数据和信息进行及时、全面、准确的记录、统计和分析,辅助操作层及时发现问题、总结经验,持续改善作业效率。实现对物流作业全过程的透明化、实时化和数字化管控,整体提升物资系统供应链物流服务的作业效率。

③ 业务外包过程中的物流成本控制——依托第三方物流机构。将物流业务外包给拥有专业人员和技术的第三方物流公司,发挥第三方专业化的管理优势,可在保证物流效果、效率的同时,减少保有仓库、车辆等物流基础设施的投资和运营成本,降低物流人员的人工成本支出和运输费用等。

综上所述,石油企业应最大限度地降低采购成本、提高物流速度、加快资金周转,积极加入油气矿区物流网络体系,发展"大物流",走物流一体化之路,以理顺物资供应管理关系,在进一步加强集中统一采购和专业化管理的基础上,完善物流管理多项功能,整合供应商,加强客户关系管理,发展配送服务,实施物流信息传递、物资采购和物资供应服务的一体化,切实提高物资供应服务水平,实现价值增值。同时,以合作和诚信建立并发展战略联盟,切实降低采购成本,提高市场快速反应能力,塑造油气矿区的物流竞争优势。

6.2.2.4　油气矿区供应链环境成本控制

油气矿区进行环境成本控制的首要任务就是借助历史经验和科学测算来确定矿区的目标环境成本,之后按照精细化原则进行目标分解,在实际生产过程中进行环境成本控制并实施核算。对目标环境成本进行考核后根据考核结果,对达成目标的单位或个人予以奖励,并及时调整目标环境成本,进入下一轮的生产活动;对没有达成目标的单位或个人,及时查明原因并做出相应的目标环境成本的调整,必要时采取相应的处罚措施。这样就建立起了一个循环控制系统,促使企业根据实际情况做出及时调整,使实际目标不断接近预期目标和不断优化,从而实现对企业环境成本的循环优化控制。

油气矿区环境成本大多来自研发、生产和管理等活动,贯穿于从研发项目的决策、生产工艺流程的选择、材料的加工,到油气的生产过程和设备维护,再到废物处置的整个生命周期。全生命周期的环境成本控制系统包括事前、事中和事后三个阶段。

(1)环境成本的事前控制。为了实现区域经济的可持续发展,油气矿区的污染防治工作必须从源头开始,即在生产工艺流程的设计中就考虑环境成本的因素。这就要求在勘探、钻井、采油以及油气田作业工程设计过程中及时采取环境保护措施,尽可能防止或减少污染,如减少占地面积,尽量降低青苗赔偿费等;将绿色供应链的思想应用其中,借助于科技的力量,把生态、环境、社会、经济等多种因素考虑在内,确立区域经济可持续发展的长远战略目标,设计出一条绿色物流、绿色生产、绿色营销的供应链体系。

(2)环境成本的事中控制。在油气的生产过程中,对油气矿区各个生产环节的环境影响进行监测跟踪,尤其是对排出的废水、废油、废气进行严格把关,做到按标准排放。同时注重采用先进的科学技术手段,对环保工艺及生产流程进行改造,改进生产工艺,加强生产协调,减少和控制三废的排放,从而避免事故损失和罚款造成的成本增加。另外,把环境成本目标落实到单位或个人,并对执行情况进行考核,追究责任并与奖惩挂钩。为了保证环境成本责任落实的效果,企业需要在充分考虑各责任单位利益分配的基础上,调动全体员工的积极性,对考核结果进行公正、客观的落实与评价。

(3)环境成本的事后控制。事后控制就是在产品生命周期末,对已经造成环境污染的废弃物进行回收和治理,承担罚款和赔偿损失,避免污染物将来对环境造成更大的破坏。

环境成本控制的最终目的是实现经济利益和环境效益的统一,因此,在借助环境指标测试体系的同时,为了体现其客观、公正和促进其实施,应采用财务指标与环境指标相结合的定量和定性的方法来进行环境成本控制的评价。

6.2.2.5　油气矿区供应链社会责任成本控制

石油企业在进行资源开采和生产过程中还应该承担对环境、员工等的社会责任,在履行这些责任时所发生的费用便构成了社会责任成本。现阶段石油企业社会责任成本管理的意识相对欠缺,没有建立起相对完善的管理体系,因此要根据实际情况设立相应的管理办公室,使财务科、资产管理科等相关部门行使社会责任成本控制的职能,按照事前控制、事中控制和事后控制三个方面切实履行社会责任,为实现经济发展和社会和谐进步做出重要贡献。

（1）制定可持续发展的社会责任成本控制目标。根据石油公司的总体战略目标，结合历史经验和数据，采用定性、定量相结合的方法，制定企业社会责任成本的控制目标，并将目标细分到各个单位。石油企业社会责任成本控制目标的制定步骤如下：首先，根据社会责任成本总额，将其分摊到各社会责任成本项目中；其次，各基层单位编制社会责任成本计划，结合社会责任控制情况和实际经验、支出费用等，确定需调整的成本项和调整比例，编制各个单位的社会责任成本计划表；最后，将计划表送交财务部门，财务部门根据历史数据适当调整社会责任成本项目，编制成本预算表。与此同时，石油企业也应把节约资源视为企业战略目标的重要组成部分，推进技术创新，建设节约型油气矿区，加大安全环保的力度，大力发展清洁生产，创建安全的生产环境，健全安全生产制度，落实安全责任。

（2）设计石油企业社会责任成本核算与跟踪反馈系统。社会责任成本的核算与跟踪反馈是实施社会责任成本管理的基础，也是社会责任成本控制机制的重点内容。财会部门内设成本管理科室，以保证社会责任成本数据的分解工作有效进行。ERP系统的使用使得社会责任成本的信息传递、收集、储存、反馈、分析形成了闭环管理，完整的历史资料可供社会责任成本分析与企业经营决策分析之用。

由财务部门按照"厂—管理区（或作业区）—组"的分级对社会责任成本数据进行采集和核算，根据社会责任成本分析及实践经验，利用指标进行预警和关键点控制，严格进行实时监督，统筹安排各项社会责任项目，一旦发现超标应立即采取措施，及时处理并反馈。在社会责任成本核算体系的设计中，关键是通过对有关油气产品社会责任的原始凭证的设计，将隐含在一般成本、制造费用及期间费用中的社会责任成本单独归集起来，做到有据可循，同时确保了数据的准确性和真实性。

另外，定期对外发布社会责任成本报告，不仅可以树立良好的企业形象，而且可为油气的开发和生产创造良好的外部环境。石油企业对社会责任控制的要求非常严格，经过多年改进，已形成完善的社会责任控制指标体系，如能与社会责任成本效益指标结合进行指标预警和关键点控制，则更能保障社会责任成本控制机制的实施。

（3）建立社会责任成本分析、考核机制。社会责任成本分析的职能是社会责任成本管理中重要并具有建设性的职能，通过将社会责任成本计划或目标和石油企业社会责任成本实际核算资料进行比较，可以确定成本的差异，分析差异产生的原因和责任，明确责任归属，及时总结经验；社会责任成本考核的职能将社会责任成本考核的标准与石油企业社会责任成本核算提供的实际数据进行对比,对各社会责任成本单位进行评价,考察控制效果,找出问题点,分析原因并纠正问题,同时制定奖惩措施,发挥激励机制,充分调动职工积极性。石油企业社会责任成本分析、考核是石油企业实施社会责任成本管理的最后一步,属于事后控制,也是关键的一步。

6.3　油气矿区供应链成本控制方法与模型

6.3.1　基于可持续发展的油气矿区供应链成本控制屋框架设计

在可持续发展理念下,油气矿区的发展除了考虑经济可持续发展外,还要与社会可持续、环境可持续发展相统一。结合前文分析,油气矿区供应链作为融合油气开采、工程技术服务、炼化、集输、销售等活动的产业一体化链条,其成本控制需要考虑生产成本、物流成本、交易成本、环境成本以及社会责任成本。

基于上述考虑,站在油气矿区供应链整体的高度,本研究构建了复杂成本控制屋(cost control house, CCH)系统。根据成本控制屋提供的模块信息,以总成本控制效果最大,即成本降低幅度最大为目标,综合考虑相关资源约束,采用多级规划模型对该供应链成本屋进行量化。根据从高层级到低层级、从部门成本到明细成本的原则设计成本-措施层次,基于目标规划理论,设计递阶求解算法,优选成本控制措施,为供应链节点企业和企业内部各部门分配成本控制资源提供决策依据。基于可持续发展的油气矿区供应链成本控制屋框图如图 6.2 所示。

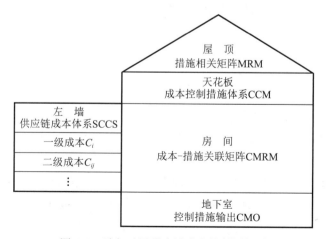

图 6.2　油气矿区供应链成本控制屋框图

油气矿区供应链成本控制屋分为五大模块：

左墙模块用于描述油气矿区供应链成本体系(supply chain cost system, SCCS)。其中，一级成本控制项目包括供应链生产成本、供应链物流成本、供应链交易成本、供应链环境成本和供应链社会责任成本五项。一级成本控制项目下按照供应链各节点划分为二级成本控制项目，二级成本控制项目可再细化为三级成本控制项目。依此类推，形成多层级成本体系。

屋顶模块代表措施相关矩阵(measure relation matrix, MRM)。在措施关联分析中，可以采用符号描述措施之间的相关关系，并赋予数值进行量化。

天花板模块描述成本控制措施体系(cost control measures, CCM)。根据措施之间的逻辑关系，成本控制措施可以细化为一级措施、二级措施、三级措施，依此类推，形成多层级成本控制措施体系，并可以借助一系列指标量化其实施改善效果。

房间模块代表成本-措施关联矩阵(cost-measure relation matrix, CMRM)，反映成本项目与控制措施之间的相关关系。成本与措施之间的关联系数为成本下降比例与措施独立改善率的比值。其中，措施独立改善率是指不考虑措施之间的关联关系，单独推行某项措施对效果的改善程度，措施独立改善率的测定需要借助相关效果衡量指标实现。由于措施之间存在协同效应，所以多项措施同时实施的综合改善率要考虑措施之间的相关程度。房间模块可以将成本降低目标转化为措施的改善程度。

地下室模块代表控制措施输出(control measure output, CMO)，主要描述措施当前效果、措施最大期望效果以及措施资源消耗等信息。

6.3.2　多级规划模型及其算法

6.3.2.1　模型构建

本部分根据图 6.2 成本控制屋中的相关信息，构建多级规划模型并对其进行定量描述和研究。

通过成本控制屋分析平台可获得以下信息：各层级成本现状矩阵(左墙模块)，其中 A 和 A_i 分别代表供应链条总成本、成本控制项目 i 成本现状矩阵；各层级成本控制措施的自相关矩阵(屋顶模块)，其中 P 和 P_m 分别代表一级成本控制措施 D 及其二级子措施 D_m 的自相关矩阵；各层级成本-措施相关矩阵(房间模块)，其中 R 和 R_k 分别代表 C 与 D 以及 C_i 与 D_m 的关联矩阵；各层级措施独立改善率的最大期望矩阵(地下室模块)，其中 I 和 I_m 分别代表成本控制措施 D 和 D_m 的独立改善率的最大期望矩阵；$E = (e_i)$ 为可用于供应链条成本控制的资源总量矩阵;各层级措施资源需求矩阵(地下室模块),其中 Q 和 Q_m 分别代表 D 和 D_m 的资源需求矩阵。

设 $X, X_m, X_m^\alpha, \cdots$ 分别为各层级成本控制措施的独立改善率矩阵,其中,$X = (x_m)$,$X_m = (x_m^\alpha)$ 分别为成本控制措施 D 和 D_m 的独立改善率矩阵。$T_m = (t_m)_{l \times 1}$ 为措施 D_m 的资源分配量矩阵,$E_i = (e_i)_{l \times 1}$ 为施控项目 i 从拟开展的措施中获得的资源量矩阵,$B = (b_{ij})$ 为 R 列归一化矩阵。

现以各层级成本项目的成本降幅最大和资源消耗最少为双层优化目标,在考虑措施期望改善率、资源总量约束和措施本身成本效益原则的基础上,构建多级规划模型如图 6.3 所示。

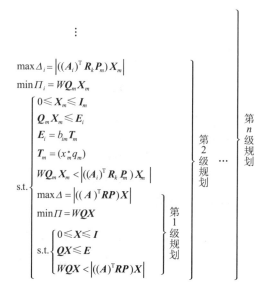

图 6.3 多级规划模型结构图

6.3.2.2 求解算法

根据上述建模思想,可以利用递推循环的方法得到多级规划模型的算法,如图 6.4 所示。

步骤 1 搜集、整理和评价成本控制屋相关信息。

步骤 2 令 $i = 1$,求解第 i 级规划模型最优解 Z^*。

步骤 3 若 Z^* 存在且 $Z^* \neq 0$,则令 $i = i + 1$,将步骤 2 中最优解代入第 i 级规划模型,求其最优解 Z^*(替代上一级最优解),否则返回步骤 1。

步骤 4 若 Z^* 存在且 $Z^* \neq 0$,此时,再若 $i = n$,则输出最优解 Z^*,优选成本控制措施。若 $i \neq n$,则返回步骤 3。

步骤 5 若 Z^* 不存在或者 $Z^* = 0$,则返回步骤 1。

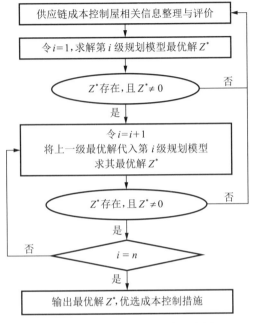

图 6.4 多级规划模型算法思路图

6.3.3 模拟算例及应用思路

某油气矿区供应链一级成本构成项目由生产成本、物流成本、交易成本、环境成本和社会责任成本组成,一、二级成本项目之间的隶属关系如第 3 章中图 3.1 所示。

假定通过搜集相关资料得到五个一级成本项目现状(万元) $A = (950, 310, 230, 210, 180)^T$,其中供应链生产成本的明细成本现状(万元) $A_1 = (400, 200, 150, 120, 80)^T$。通过实地调研,确定未来一年内拟推行的五项一级成本控制措施 $D = \{d_1, d_2, d_3, d_4, d_5\}$,其中:

措施 d_1 为"优化作业链,加强作业成本管理";

措施 d_2 为"加强目标成本管理,基于价值链分解成本目标";

措施 d_3 为"重新制定消耗定额,加强标准化管理";

措施 d_4 为"完善责任会计制度,实现责权利的统一";

措施 d_5 为"大力推行工程设计思想,从源头上降低成本"。

另外,根据作业成本管理的要求,措施 d_1 可以针对供应链生产成本细化为六项二级成本控制措施 $D_1 = \{d_1^1, d_1^2, d_1^3, d_1^4, d_1^5, d_1^6\}$，其中：

　　措施 d_1^1 为"建立适时生产系统"；

　　措施 d_1^2 为"实施全面质量管理"；

　　措施 d_1^3 为"建立作业成本计算系统"；

　　措施 d_1^4 为"实施作业成本预算管理"；

　　措施 d_1^5 为"组织结构调整"；

　　措施 d_1^6 为"对相关人员进行业务培训"。

　　再假定，根据调研可得到措施的最大期望改善率以及措施改善需要的人力、财力资源情况如表 6.1 所示，整条供应链可用于成本控制工作的人力资源总量为 30 个标准人，单位人力资源年成本为 2.4 万元，财力资源总量为 35 万元。

表 6.1　成本控制措施改善率及资源需求

措 施	d_1	d_2	d_3	d_4	d_5	d_1^1	d_1^2	d_1^3	d_1^4	d_1^5	d_1^6
最大期望改善率 /%	8.6	3.2	5.5	7.8	8.3	4.8	5.5	6.2	8.2	3.4	4.1
改善 1% 需人力资源 / 标准人	1.3	1.3	0.8	1.4	1.5	0.5	0.5	0.3	0.3	0.2	0.4
改善 1% 需财力资源 / 万元	1.2	0.8	0.6	2	2.1	0.6	0.4	0.2	0.3	0.4	0.2

　　设一级措施的独立改善率矩阵为 $\boldsymbol{X} = (X_1, X_2, X_3, X_4, X_5)^\mathrm{T}$。其中，措施 d_1 针对供应链生产成本的六项二级子措施的独立改善率矩阵为 $\boldsymbol{X}_1 = (X_1^1, X_1^2, X^3, X^4, X_1^5, X_1^6)^\mathrm{T}$。构建两级规划模型如下：

$$\max \Delta_1 = \begin{vmatrix} \begin{pmatrix} 400 \\ 200 \\ 150 \\ 120 \\ 80 \end{pmatrix}^\mathrm{T} \begin{pmatrix} -0.3 & -0.2 & -0.4 & -0.5 & -0.3 & -0.2 \\ -0.2 & -0.1 & -0.5 & -0.5 & -0.3 & -0.1 \\ -0.1 & -0.3 & -0.4 & -0.3 & -0.4 & -0.1 \\ -0.3 & -0.1 & -0.3 & -0.3 & -0.2 & 0 \\ -0.1 & 0 & -0.3 & -0.2 & -0.3 & -0.2 \end{pmatrix} \begin{pmatrix} 1 & 0.4 & 0.8 & 0.3 & 0.7 & 0.4 \\ 0.4 & 1 & 0.8 & 0.4 & 0.2 & 0.3 \\ 0.8 & 0.8 & 1 & 0.8 & 0.7 & 0.6 \\ 0.3 & 0.4 & 0.8 & 1 & 0.2 & 0.7 \\ 0.7 & 0.2 & 0.3 & 0.7 & 1 & 0 \\ 0.4 & 0.3 & 0.2 & 0.6 & 0 & 1 \end{pmatrix} \boldsymbol{X}_1 \end{vmatrix}$$

$$\min \Pi_1 = 100 (2.4 \quad 1) \begin{pmatrix} 0.5 & 0.5 & 0.3 & 0.3 & 0.2 & 0.4 \\ 0.6 & 0.4 & 0.2 & 0.3 & 0.4 & 0.2 \end{pmatrix} \boldsymbol{X}_1$$

$$\text{s.t.} \begin{cases} \begin{pmatrix} 0 \\ 0 \\ 0 \\ 0 \\ 0 \\ 0 \end{pmatrix} \leqslant \boldsymbol{X}_1 \leqslant \begin{pmatrix} 4.8\% \\ 5.5\% \\ 6.2\% \\ 8.2\% \\ 3.4\% \\ 4.1\% \end{pmatrix} \\[4pt] \begin{pmatrix} 0.5 & 0.5 & 0.3 & 0.3 & 0.2 & 0.4 \\ 0.6 & 0.4 & 0.2 & 0.3 & 0.4 & 0.2 \end{pmatrix} \boldsymbol{X}_1 \leqslant \boldsymbol{E}_1 \end{cases}$$

$$E_1 \leqslant 0.033 T_1$$

$$T_1 = (x_1^* q_1) = \begin{pmatrix} x_1^* \times 1.3 \times 100 \\ x_1^* \times 1.2 \times 100 \end{pmatrix}$$

$$\Pi_1 < \Delta_1$$

$$\max \Delta = \left\| \begin{pmatrix} 950 \\ 310 \\ 230 \\ 210 \\ 180 \end{pmatrix}^T \begin{pmatrix} -0.5 & -0.3 & -0.5 & -0.5 & -0.3 \\ -0.3 & -0.3 & -0.1 & -0.2 & -0.2 \\ -0.3 & -0.4 & -0.1 & -0.3 & -0.4 \\ -0.2 & -0.3 & -0.2 & -0.3 & -0.4 \\ -0.2 & -0.3 & -0.1 & -0.3 & -0.2 \end{pmatrix} \begin{pmatrix} 1 & 0.7 & 0.8 & 0.7 & 0.9 \\ 0.7 & 1 & 0.9 & 0.6 & 0.4 \\ 0.8 & 0.9 & 1 & 0.3 & 0.6 \\ 0.7 & 0.6 & 0.3 & 1 & 0.2 \\ 0.9 & 0.4 & 0.6 & 0.2 & 1 \end{pmatrix} X \right\|$$

$$\min \Pi = 100 \,(2.4 \quad 1) \begin{pmatrix} 1.3 & 1.3 & 0.8 & 1.4 & 1.5 \\ 1.2 & 0.8 & 0.6 & 2 & 2.1 \end{pmatrix} X$$

$$\text{s.t.} \begin{cases} \begin{pmatrix} 0 \\ 0 \\ 0 \\ 0 \\ 0 \end{pmatrix} \leqslant X \leqslant \begin{pmatrix} 8.6\% \\ 3.2\% \\ 5.5\% \\ 7.8\% \\ 8.3\% \end{pmatrix} \\ \begin{pmatrix} 1.3 & 1.3 & 0.8 & 1.4 & 1.5 \\ 1.2 & 0.8 & 0.6 & 2 & 2.1 \end{pmatrix} X \leqslant E \\ \Pi < \Delta \end{cases}$$

根据多级规划模型算法,可得一级最优解 $X^* = (8.6\%, 3.2\%, 5.5\%, 7.3\%, 0)^T$,二级最优解 $X_1^* = (0, 0, 6.2\%, 5.0\%, 1.7\%, 0)^T$。也即在五项一级措施中应当推广前四项措施 d_1, d_2, d_3, d_4,二级成本控制措施中优先推广 d_1^3, d_1^4, d_1^5 措施,可以达到最佳投入产出效果。其中,一级措施总投入 $\Pi = 102.84$ 万元,带来整个油气矿区供应链 $\Delta = 556.85$ 万元的成本降低额;二级措施总投入 $\Pi = 12.26$ 万元,带来供应链生产成本 $\Delta = 137.87$ 万元的成本降低额。具体计算结果如表 6.2 所示。

表 6.2　措施分配资源及优化数值表

措　　施	一级措施					二级措施					
	d_1	d_2	d_3	d_4	d_5	d_1^1	d_1^2	d_1^3	d_1^4	d_1^5	d_1^6
分配人力资源/标准人	11.18	4.16	4.4	10.26	0	0	0	1.86	1.49	0.33	0
分配财力资源/万元	10.32	2.56	3.3	14.66	0	0	0	1.24	1.49	0.67	0
Δ/万元	556.85					137.87					
Π/万元	102.84					12.26					
投入产出利得 $(\Delta - \Pi)$/万元	454.01					125.61					

应用思路:模拟算例显示,油气矿区供应链成本控制屋多级规划模型考虑了措施之间的相互关系,从投入产出基本原理出发设计模型,可以有效地优选成本控制措施和优化措施资源配置,能够为供应链节点企业和企业内部各部门分配成本控制资源提供决策依据。

6.4　集成化油气矿区供应链成本控制体系实施的保障措施与应用建议

6.4.1　强化油气矿区供应链协调发展理念

供应链是一个复杂的、动态的、需要协调的系统,特别是在油气矿区供应链环境下,每个供应链成员企业都有各自的经营目标,并且可能产生冲突。任何供应链上的企业如果只关注如何让自身利益最大化或者不共享信息,都可能导致供应链失调,进而使得各企业的经营业绩受到影响以及供应链不同阶段之间的互不信任。因此,供应链的协调是实现供应链整体效益最大化的必备条件。为了达到供应链的协调发展,成员企业间必须设立共同的供应链大目标,通过建立应答迅速的供应链信息系统,保证实施和运行供应链管理时上游供应商、工程技术公司、石油开采企业、炼化和销售公司及用户的需求信息不被放大,力求信息的真实有效性;通过建立战略合作伙伴关系,实现信息共享、风险共担和共同获利,进而实现"双赢";还可以通过设立供应链契约,运用适当的信息和激励机制,实现各成员企业之间合作的协调,优化物流链,明确各企业之间的权利和责任关系,从而确保各企业实现最好的效益。在千变万化的市场环境和强大的竞争压力下,供应链上的每个合作伙伴都必须建立协调发展观念,协同合作,提高供应链整体竞争力,从而促进石油企业的发展。

6.4.2　在国家可持续发展战略指导下协调区域经济与矿区产业的发展

石油和天然气是重要的能源矿产和战略性资源,在各国经济和社会中发挥着举足轻重的作用,同时油气资源又是有限的、不可再生的,不仅在世界范围内分布极不均衡,而且被部分国际组织所垄断和操控。油气产业作为资本密集型、技术密集型产业,在发展过程中会对生态环境产生影响,因此石油企业发展的基本战略是可持续发展。把握好区域经济可持续发展与油气矿区产业发展之间的平衡关系是石油企业生产和发展的必然要求。一般而言,可持续发展符合三大特征：

（1）发展。可持续发展提倡经济真正地、健康地发展。

（2）协调。强调资源的合理优化配置，以保护自然为基础，与资源和环境的承载能力相协调，实现人与自然的协调。

（3）持续。可持续发展以改善和提高生活质量为目标，与社会进步相适应。为实现油气矿区可持续发展，可从产业和企业两个层面出发。一方面，构建以循环经济为导向的石化生态工业园区，推动产业整体可持续发展的规范化、有序化进程，实施"开源节流"的政策，鼓励产业各部门踊跃采取实现可持续发展的具体措施；另一方面，针对油气矿区资源开采企业及炼化和销售公司不同的业务提出具体的战略调整对策，从而推动这些企业更好地走可持续发展之路。

6.4.3　加强油气矿区供应链不同建设阶段的成本控制

区域经济可持续发展油气矿区供应链的建设实施闭环运作。区域经济可持续发展油气矿区供应链没有终止点，是"从摇篮到再现"的过程，在油气生产过程中产生的废品、废料和在运输、仓储、销售过程中产生的废物均须进行回收处理。在区域经济可持续发展油气矿区供应链设计的最初就应充分考虑有可能涉及的影响因素，并考虑材料的回收与再利用，尽量避免在油气矿区供应链某一设计阶段完成后才意识到问题并因此造成该阶段甚至整个设计方案的改变。利用并行工程的理念，将材料生产、产品制造以及回收与再利用并行加以考虑。

6.4.3.1　加强油气矿区供应链组建期成本控制

强化适应油气矿区供应链成本控制体系实施的各类观念。维持成本优势就必须有效地控制成本，强化全员的成本意识是降低成本的前提。油田企业上下可以通过大规模开展成本控制方面的讨论、学习等教育活动，强化职工的成本意识，树立成本经营、成本效益和成本竞争观念。只有每位员工都充分意识到成本控制的重要性，时刻将降低成本记在心中，在日常工作和生活中注意节俭，节省每一度电、每一升水等，才能为油气矿区供应链成本控制体系的顺利实施奠定夯实的思想基础。

利用现代管理方法，强化成本控制。油气矿区供应链成本管理的发展经历了从传统到现代管理方法的转变。不同于将降低消耗和节约费用过分集中于核心企业的传统管理方法，现代管理方法要求在确定成本管理目标时将成本管理放在与供应链上各节点企业经营活动、管理措施及战略选择的相互关系中进行考察。对于任何企业,特别是对于集成化的油气矿区供应链来说,成本不是孤立的,它不但受供应链上各个节点企业各种因素的影响,还会影响所有节点企业的其他方面,另外它还是企业做出各种管理措施与战略选择的核心因素之一。现代企业成本管理的对象是与企业经营过程有关的全部资金耗费,不但包含核心企业内部价值链内的资金耗费,也包含油气矿区供应链体系所涉及的上游供应商、工程技术公司、炼化和销售公司以及用户的资金耗费。

6.4.3.2　加强油气矿区供应链成长期成本控制

通过专业化重组,完成油气矿区供应链的集成化目标。油气矿区供应链是一个复杂的系统,其生产的多系统、多环节、大范围、高隐蔽及高分散性导致了高分散、低集成的管理模式,油气矿区管理集成化的目标就是克服油气矿区供应链的上述弊端。油气矿区供应链管理集成化就是通过消除供应链管理中条块分割、各自为政的弊端,打破生产开发、财务管理等原先分工明确的职能部门界限,将各业务单位和生产过程视作一个相互关联的有机整体,充分利用信息、人员、流程和技术等共享资源,力图集成经营管理计划、生产运行、监督考核和效益评价,进而实现高效率、低成本的协同运作,并通过经营管理优化来实现整个经营管理集成体管理效果的螺旋式上升。借助于计算机网络系统,依据油气矿区经营管理流程,实施企业经营管理流程的集成化整合,建立油气矿区经营管理集成平台,使油气矿区经营管理的各环节及其全过程直接处于统一监控之中,进而实现油气矿区各项集成要素的优化匹配,不断提高油气矿区的管理效率和经济效益,保证油气矿区油藏开发管理战略的有效实施。

建立专业的生产成本管理队伍。在供应链环境下,做到人员配置合理、人尽其才,可以确保生产流程更顺畅。市场的竞争也是一种人才的竞争,生产方式的成功实现需要全体员工的积极支持。强化对员工的培训,可以促使员工熟练正确地操作,从而确保生产效率得以提升。要从根本上降低成本、降低消耗,在生产技术的改良、替代品的选择、生产组织的合理安排、设备更新与修理的判断等方面必须要有现场生产专业人员参与,这样才能制订出高产、优质、低消耗的方案。油田企业是技术密集的资源型企业,特别是勘探、开发工作技术含量非常高,对员工的专业结构、学历结构、知识结构、年龄结构有更高的要求。高层次员工队伍能促进油气矿区供应链各企业顺利配合并开展正常生产,降低各企业成本,有效地控制供应链的生产成本。

6.4.3.3 加强油气矿区供应链整合升级期成本控制

强化油气矿区战略成本管理绩效评价工作。战略成本管理的本质就是获得竞争优势,依靠战略的制定与实施形成企业的竞争优势,创造出企业核心竞争力。要确保战略成本管理实施的有效性,需要有与之相配套的绩效评价体系。油气矿区供应链与其他企业供应链相比存在特别之处,其内容比现行的企业评价指标更广泛。在进行供应链绩效评价时,需要从核心企业内部和外部两方面来进行,其中内部绩效评价是绩效评价的核心。对核心企业外部进行绩效评价的主要目的是监督、降低成本、提高各方面能力和服务水平,绩效评价结果也将反馈给外部成员。对于绩效水平不符合核心企业要求的企业,核心企业可以不再与其进行合作。

对于内部绩效评价工作,可以从财务角度、客户角度、流程角度以及学习和成长角度运用各种指标体系来加强。① 财务角度:依据企业绩效的客观数据和标准,分别从盈利能力、偿债能力和营运能力三个方面进行评价。② 客户角度:从客户角度出发,分析评价企业的客户保留率、客户投诉率、目标市场占有率等绩效评价指标,用以判定核心企业实施战略成本管理的有效性。③ 流程角度:战略成本管理的核心在于核心企业的内部流程,所以对企业内部业务流程的绩效评价应着重评价流程的有效性、效率、周期、适应性,如准时运输率、产需率及产销率等指标,同时将上游企业和下游企业纳入进来。④ 学习和成长角度:学习和成长角度反映了企业的可持续发展能力,评价核心企业的学习和成长能力可以从关键员工保留率、员工建议增长率、新技术采用率、研究开发投资率等指标来考察。

对于外部绩效评价工作,重点在于对油气矿区供应链核心企业外部关系人进行绩效评价,包括供应商、销售商以及顾客等。对于供应商,可以通过产品合格率、订单完成率、准时交货率等指标来评价。另外,供应商与核心企业之间信息传递的有效性、及时性都会对核心企业的成本控制产生重要影响,对这方面的评价分析也不能遗漏。对于销售商,企业可以从服务质量、信息共享程度、市场销售能力等方面入手进行绩效评价。对于顾客,顾客满意既是企业价值得以实现的最终条件,也是企业财务目标得以实现的源泉,所以可以从顾客满意度、最佳实施基准等方面来实施评价。

建立战略联盟,实现上下游价值链的整合效应。根据国外连续多年的实践经验,战略联盟可以给油气矿区带来三种好处,即缩短工程周期、降低开发成本和提高油气生产能力。这三者不仅可以提高油气田开发效率,还可以促使成员企业重视提升成本管理业绩以及增强自身的知识基础和竞争能力。战略联盟一个重要的目标便是以核心企业即油气开采企业为基础,达到原材料供应、勘探、生产、运输、炼油、化工、分销、客户等环节效益的最大化。现阶段,我国的石油行业正踊跃实施"走出去"战略,目的在于分享国际油气资源,弥补国内油气资源的空缺。基于石油行业发展趋势的大背景,各环节建立战略联盟可以实现对整个行业价值链的优化分析,进而实现上下游价值链之间的整合效应,发挥供应链各环节之间的协同效应,形成一体化的竞争优势。

6.4.4　推进油气矿区供应链金融发展

大力发展供应链金融可以为油气开采企业、油气勘探企业、油气炼化企业、油气销售企业等油气矿区供应链企业提供资金融通渠道和资金优化配置路径,为企业供应链成本管理提供资金支持。油气矿区供应链金融是对油气矿区供应链资金资源的整合,是由油气矿区供应链中特定的金融组织者为油气矿区供应链资金流管理提供的一整套解决方案。油气矿区供应链金融是在物流金融基础上的创新,将油气矿区各企业融资从油气勘探、油气开采阶段延伸到物资采购和成品油销售阶段。在这个供应链中,竞争力较强、规模较大的核心企业因其强势地位,往往在交货、价格、账期等贸易条件方面对上下游配套企业要求苛刻,从而给这些企业造成巨大的压力,使资金链紧张,整个供应链出现失衡。

目前,应收账款融资、保兑仓融资和融通仓融资是供应链金融中三种比较有代表性的融资模式,适用于不同条件下的企业融资活动。这三种融资模式又是供应链金融中几大主要业务模块,可以将其进行组合后形成一个涉及供应链中多个企业的融资方案。例如,初始的存货融资要求以现金赎取抵押的货物,如果赎货保证金不足,银行可以有选择地接受客户的应收账款来代替赎货保证金。因此,供应链金融是一种服务于供应链节点企业间交易的综合融资方案。方案的主要内容包括:

(1)对油气开采企业的融资解决方案。油气开采企业自身具有较强的实力,对融资的规模、资金价格、服务效率都有较高的要求。这部分产品主要包括短期优惠利率贷款、票据业务(开票、贴现)、企业透支额度等。

(2)对油气勘探企业、油气钻井企业的融资解决方案。油气勘探企业、油气钻井企业对油气开采企业大多采用赊账的服务方式,因此其融资方案以应收账款为主,主要配备保理、票据贴现、订单融资、政府采购账户封闭监管融资等产品。

（3）对油气炼化企业、油气销售企业的融资解决方案。油气开采企业对油气炼化企业、油气销售企业的结算一般采用先款后货、部分预付款或一定额度内赊销的方式。因此，对油气炼化企业、油气销售企业的融资方案主要以动产和货权质押授信中的预付款融资为主，配备的产品主要包括短期流动资金贷款、票据的开票和保贴、国内信用证、保函、附保贴函的商业承兑汇票等。

6.4.5　加强油气矿区供应链资产管理及绩效评价

在资本密集型企业里，资产管理占有十分重要的地位，加强其管理可以有效提高企业的运作效率，进而促进企业的发展，完成资产从粗放型向集约型的转变。应用平衡记分卡四个维度的基本思想，将企业供应链管理目标落实到财务、客户、内部流程以及学习和成长四个维度，并设立相应的评价指标，反映对供应链成本管理绩效进行评价的主要内容，即成本收益能力、利益相关反映、运营流程效果和创新发展能力，也即形成了对成本管理进行绩效评价的物元特征。依据模糊物元分析法，不但可以对企业资产管理绩效水平进行综合评价，给出客观合理的结果，全面、直观地反映企业资产管理的综合水平，而且可以明确资产管理绩效状况，指出资产管理过程中需要改进的指标，为改善和提升资产管理水平提供参考。因此，为了实现对资产管理绩效的全面客观评价，一方面要探索新的方法及应用，切实满足资产管理绩效评价的五个要求，不仅给出评价结果，而且实现对评价系统的自我验证，实现评价系统的信息反馈；另一方面，应健全资产管理绩效评价指标体系，为实现管理绩效的全面评价提供最基本的保证，引领企业资产管理走向正确的方向。

6.4.6　应用网络技术实现油气矿区供应链各节点企业之间的数据共享

随着网络技术的发展和应用，全球经济一体化的进程得以加快，区域经济可持续发展、油气矿区供应链的发展也获得了机遇。在一般企业中，供应商、制造商和回收商以及执法部门和用户之间都可以依靠网络建立联系，利用网络寻找恰当的产品生产合作伙伴，从而实现企业间的资源共享和优化组合利用，减少加工任务、节约资源和降低全社会的产品库存；依靠电子商务搜寻产品的市场供求信息，缩减销售渠道；依靠网络技术进行集中资源配送，从而降低运输对环境的影响。对于集成化的油气矿区供应链，应用现代网络技术更加具有战略意义。市场竞争发展的信息是瞬息万变的，依靠网络的支撑，上游供应商、工程技术公司、石油开采企业、炼化和销售公司以及用户之间的信息数据可以双向互动,这样就能使企业在最短的时间内将社会各界关注的信息公开,使得企业在信息管理方面与时代保持同步。依靠网络,企业可以满足市场竞争的需求,节约人力、物力,减少信息冗余,节省物流时间,有效提高各节点企业之间合作的效率。依靠网络,各企业之间实现计算机之间的整合,不仅有利于推动网络系统进行基于信息内容的搜索,还可以被方便地查找到和理解,对于供应链的发展具有十分重要的战略意义。不仅如此,执法部门还可依靠网络对相关企业单位实施监管和监督。总而言之,学习网络技术、开发其新功能并投入供应链管理中,是改善供应链的一种新型有效手段,可以促进供应链的发展,对供应链产生深远影响。

参考文献

安虎森,2008. 新区域经济学 [M]. 大连:东北财经大学出版社.

薄静炎,2009. 石油企业集成化供应链管理 [J]. 中国商贸(19):19-20.

波特,1997. 竞争优势 [M]. 北京:华夏出版社.

陈德强,胡振一,2010. 供应链成本控制体系及其有效性评价 [J]. 合作经济与科技(7): 32-33.

陈梅,刘险峰,周超,2008. 石油企业实施绿色供应链管理的障碍及对策研究 [J]. 价值工程 (2):57-58.

陈宇科,熊龙,2016. 基于质量和服务双投入的供应链最优决策与协调策略 [J]. 统计与决 策(22):42-46.

崔树杰,张文杰,薛东辉,2010. 我国石油供应链成本分担问题研究 [J]. 中国流通经济,24 (7):31-34.

戴建平,骆温平,2017. 流程协同下供应链价值创造研究:基于物流企业与供应链成员多边 合作的视角 [J]. 技术经济与管理研究(2):3-7.

邸丛颖,田立新,2007. 成品油供应链优化模型研究 [J]. 统计与决策(17):56-57.

丁涛,2005. 论我国石油行业供应链管理的优化 [J]. 石油大学学报(社会科学版)(3):4-7.

樊志刚,张艳婷,2010. 石油企业结构性战略成本动因浅析 [J]. 中小企业管理与科技(上旬 刊)(2):72.

范冬萍,颜泽贤,1997. 论可持续发展的系统结构 [J]. 自然辩证法研究(3):38-40.

冯玉广,王华东,1997. 区域人口-资源-环境-经济系统可持续发展定量研究 [J]. 中国环 境科学,17(5):402-405.

高彦,2010. 应用作业成本法进行供应链成本核算刍议 [J]. 中国总会计师(5):117.

桂良军,薛恒新,黄作明,2004. 供应链成本集成研究 [J]. 科学学与科学技术管理,25(9): 109-114.

胡勇军,2015. 信息共享视角下供应链交易成本管理 [J]. 物流技术,34(13):173-176.

黄河,何青,徐鸿雁,2015. 考虑供应风险和生产成本不确定性的供应链动态决策研究 [J]. 中国管理科学,23(11):56-61.

纪作哲,2001. 浅议供应链成本管理 [J]. 吉林省经济管理干部学院学报,15(4):44-46.

贾平,范林榜,2011. 供应链管理 [M]. 北京:清华大学出版社.

姜宁,2010. 胜利油田成本动因分析与成本管理体系构建研究 [J]. 胜利油田党校学报,23 (4):112-114.

李秉祥,许丽,2005. 供应链成本控制方法研究 [J]. 当代财经(2):126-129.

李成标,吴先金,2004. 我国石油行业供应链管理初探 [J]. 物流技术(1):52-54.

李维安,李勇建,石丹,2016. 供应链治理理论研究:概念、内涵与规范性分析框架[J]. 南开管理评论,19(1):4-15,42.

刘东辉,2013. 浅析加强森林资源管理,促进林业可持续发展[J]. 中国科技投资(A20):301-301.

刘洪海,2012. 供应链成本定额的影响因素分析[J]. 金融经济(18):234-236.

刘乃全,周维颖,李清娟,2009. 产业聚集论[M]. 上海:上海人民出版社.

刘晓,王成恩,储诚斌,2003. 分布式供应链中基于准时制的原油采购计划方法[J]. 中国管理科学(3):31-36.

刘永胜,吴娜,2012. 我国供应链成本研究综述[J]. 物流技术,31(13):309-312.

刘远,方志耕,郭本海,等,2010. 一类新型的复杂产品成本控制屋多级规划模型[J]. 系统工程,28(7):83-90.

罗文兵,邓明君,2005. 制造企业的供应链成本管理[J]. 中国乡镇企业会计(6):32-33.

孟庆春,董建华,厉聪聪,2012. 基于新产消合一的供应链价值最大化研究[J]. 中国管理科学,20(6):102-109.

邱莹莹,叶贞成,赵亮,等,2016. 基础油供应链生产-分销计划模型及其优化[J]. 化工进展,35(3):711-716.

申强,杨为民,刘笑冰,等,2016. 基于两种策略的四级供应链质量控制优化研究[J]. 中国管理科学,24(10):52-59.

时茜茜,朱建波,盛昭瀚,2017. 重大工程供应链协同合作利益分配研究[J]. 中国管理科学,25(5):42-51.

宋华,2015. 新兴技术与"产业供应链+":"互联网+"下的智慧供应链创新[J]. 人民论坛·学术前沿(22):21-34.

唐文献,唐春潮,李莉敏,2005. 产品协同创新开发的决策模型与灰关联分析[J]. 中国制造业信息化(7):105-107.

汪炎汝,2008. 企业环境成本计量的投入产出模型[J]. 上海经济研究(1):72-77.

王冰,张子刚,2003. 基于帕累托原则的供应链企业间创新活动的合作模型[J]. 科研管理(2):36-40.

王春莲,2010. 对企业供应链成本控制的探讨[J]. 内蒙古科技与经济(4):37,44.

王华,王喆,杨磊,等,2010. 石油行业供应链一体化优化方案研究[J]. 石油规划设计,21(2):1-4,49.

王慧炯,甘师俊,李善同,1999. 可持续发展与经济结构[M]. 北京:科学出版社.

王丽丽,陈国宏,2016. 供应链式产业集群技术创新博弈分析[J]. 中国管理科学,24(1):151-158.

王蓉,陈良华,2011. 供应链成本理论(SCC)演进框架解析与中国应用展望[J]. 东南大学学报(哲学社会科学版),13(1):28-32,123.

王影,张纯,2017. 供应链治理模式及其演化[J]. 中国流通经济,31(2):64-72.

吴晓明,胡国松,2016. 石油产业集聚与区域产业结构优化:基于四川省的实证[J]. 西南民族大学学报(人文社科版),37(2):107-112.

伍竞艳,马彪,2011. 欧美石油公司保护环境对我国石油企业的启示[J]. 价格月刊(5): 91-94.

谢琍,王婷,戴君,2017. 可持续供应链管理实践对企业绩效的影响:基于中国的实证研究[J]. 数理统计与管理,36(4):693-702.

幸理,2006. 供应链企业合作创新的价值网理论[J]. 物流技术(8):53-55.

徐向东,2010. 国家石油战略浅析[J]. 经济师(3):85-86.

殷俊明,王跃堂,2010. 供应链成本控制:价值引擎与方法集成[J]. 会计研究(4):65-73, 96.

殷俊明,杨政,雷丁华,2014. 供应链成本管理研究:量表开发与验证[J]. 会计研究(3): 56-63,96.

于露露,2008. 战略成本动因分析研究[J]. 会计之友(上旬刊)(2):22,24.

张坤民,温宗国,彭立颖,2007. 当代中国的环境政策:形成、特点与评价[J]. 中国人口·资源与环境,17(2):1-7.

张鹏飞,王子豪,荣冈,等,2016. 面向石化企业间物流集成计划优化的模型及应用[J]. 化工学报,67(11):4678-4688.

张琼,2009. 作业成本法在石油企业中的应用研究[J]. 财会通讯(20):50-51.

张学龙,覃滢樾,王军进,2017. 灰色多级排队供应链系统的稳定性测度方法[J]. 统计与决策(17):42-46.

张耀中,2010. 产业价值链中的价值创造研究[D]. 南昌:江西财经大学.

张义庭,2011. 基于环境成本的项目综合评价研究[J]. 情报杂志,30(5):95-98,113.

张永恒,郝寿义,2017. 新常态下的要素禀赋变化与区域经济增长动力转换[J]. 江海学刊(4):60-66,238.

张正,孟庆春,2017. 技术创新、网络效应对供应链价值创造影响研究[J]. 软科学,31(12): 10-15.

张智光,2011. 绿色供应链视角下的林纸一体化共生机制[J]. 林业科学,47(2):111-117.

赵国浩,王浣尘,陈忠,等,1998. 可持续发展系统要素分析[J]. 可持续发展系统要素分析(2):18-20.

赵振智,2008. 东营市八大支柱产业发展规划研究[R]. 东营市社会科学规则课题研究报告:17-33.

赵振智,霍江林,王超,2011. 基于可持续发展的油气矿区供应链构建[J]. 山东社会科学(11):143-145.

赵振智,刘广生,2009. 成本管理会计[M]. 东营:中国石油大学出版社.

赵振智,齐建民,滕涛,2011. 基于成本动因分析的油气矿区供应链价值增值路径研究[J]. 物流技术,30(19):119-122.

赵振智,王芳,2014. 智慧供应链成本控制屋多级规划顶层设计研究:以油气矿区为例[J]. 中国软科学(8):184-192.

赵振智,解宝贵,2006. 油田企业成本核算与控制研究[M]. 北京:石油工业出版社.

郑礼光,2008. 基于价值链的物流成本管理模式[J]. 中国农业会计(1):34-36.

周德田,黄秉杰,2010. 黄河三角洲可持续发展探索 [M]. 北京:中国工商出版社 .

周建清,2008. 作业成本控制与目标成本控制在供应链成本控制中的运用 [J]. 现代经济（现代物业下半月刊)(5) : 56-58.

朱佳翔,谭清美,郭军华,2012. 基于延期策略的制造业供应链成本模型比较 [J]. 统计与决策(3) : 55-58.

AL-OTHMAN W B E, LABABIDI H M S, ALATIQI I M, et al., 2006. Supply chain optimization of petroleum organization under uncertainty in market demands and prices[J]. European Journal of Operational Research, 189 (3) : 822-840.

BALDWIN C Y, CLARK K B, 2000. Managing the value chain[M]. Boston: Harvard Business School Press.

BARBIER E B, 1991. Economics, natural-resource scarcity and development: conventional and alternative views[J]. Ecological Economics, 3 (3) : 267-269.

BEAMON B M, 1998. Supply chain design and analysis: models and methods[J]. International Journal of Production Economics, 55 (3) : 281-294.

CAVINATO J L, 1991. Identifying interfirm total cost advantages for supply chain competitiveness[J]. Journal of Purchasing and Materials Management, 27 (4) : 10-16.

ELLRAM L M, TATE W L, BILLINGTON C, et al., 2004. Understanding and managing the services supply chain[J]. Journal of Supply Chain Management, 40 (3) : 17-32.

ESCUDERO L F, QUINTANA F J, SALMERÓN J, 1999. CORO, a modeling and an algorithmic framework for oil supply, transformation and distribution optimization under uncertainty[J]. European Journal of Operational Research, 114 (3) : 638-656.

FORMAN R T T, 1990. Ecologically sustainable landscapes: the role of spatial configuration [M]//ZONNEVELD I S, FORMAN R T T. Changing Landscapes: An Ecological Perspective. New York: Springer: 261-278.

GOODLAND R, DALY H, KELLENBERG J, 1994. Burden sharing in the transition to environmental sustainability[J]. Futures, 26 (2) : 146-155.

HANDFIELD R B, NICHOLS E L, 1999. Introduction to supply chain management[M]. Upper Saddle River, NJ: Prentice Hall.

KIM D, CAVUSGIL S T, CAVUSGIL E, et al., 2013. Does IT alignment between supply chain partners enhance customer value creation? An empirical investigation[J]. Industrial Marketing Management, 42 (6) : 880-889.

LAFTAH Z, AZIZ T Z T A, BOGLE I D L, 2007. Identifying added value in integrated oil supply chain companies—a case study[J]. Computer Aided Chemical Engineering, 24: 769-774.

LALONDE B J, POHLEN T L, 1996. Issues in supply chain costing[J]. The International Journal of Logistics Management, 7 (1) : 1-12.

MCGUFFOG T, 1999. E-commerce and the value chain[J]. Manufacturing Engineer, 78 (4) : 157-160.

MCLAREN T S, YUAN Y, HEAD M M, 2003. Measuring the strategic fit of supply chain coordination systems[J]. Journal of Investigative Dermatology, 121 (1) : 41-50.

NEIRO S M S, PINTO J M, 2004. A general modeling framework for the operational planning of petroleum supply chains[J]. Computers & Chemical Engineering, 28 (6-7) : 871-896.

SEAR T N, 1993. Logistics planning in the downstream oil industry[J]. Journal of the Operational Research Society, 44 (1) : 9-17.

SEURING S, 2001. Classifying corporate MEFA applications: development and empirical test of a conceptual model[J]. Eco-management and Auditing, 8 (1) : 25-35.

SPETH J G, 1989. Energy technology for survival[J]. Bulletin of the Atomic Scientists, 45 (2) : 9-10.

STEVENS C, 1992. Successful supply chain management[J]. Management Decision, 28 (8) : 25-31.

VAN DAM K H, ADHITYA A, SRINIVASAN R, et al., 2008. Benchmarking numerical and agent-based models of an oil refinery supply chain[J]. Computer Aided Chemical Engineering, 25 (8) : 623-628.

VIDAL C J, GOETSCHALCKX M, 1997. Strategic production-distribution models: a critical review with emphasis on global supply chain models[J]. European Journal of Operational Research, 98 (1) : 1-18.